DIWYGIAD 1904-5

Ben Rees

209/500

Diwygiad 1904-5

Hanes Ymweliad
Evan Roberts y Diwygiwr
â
Sir Fôn yn ystod
Mehefin a Gorffennaf 1905

D. Ben Rees

Argraffiad cyntaf: Mehefin 2005

ISBN – 0 901332 70 4

Argraffwyd gan Wasg y Bwthyn, Caernarfon,
a chyhoeddwyd gan Gapel Tŷ Rhys, Llangoed, Ynys Môn

Cyflwynedig i bedair cenhedlaeth o'r un teulu
sy'n gwerthfawrogi'r hanes, sef
Owen Morris (1888–1966), Llanddaniel Fab,
a'i fab
Evan Morris
a'i fab yntau
John Morris, gweinidog presennol Tŷ Rhys,
a'i feibion
Rhys a Llŷr Morris, Llanddaniel Fab.

Owen a Mary Morris, Llanddaniel Fab,
plant y Diwygiad.

Cynnwys

Rhagair

Y mae'n rhaid cael ysgogiad i bob peth. Ysgrifennais aml i erthygl ar gais golygydd, a lluniais lawer i bregeth i gyflawni'r addewid a roeswn i'r capel hwn a'r llall. Felly'n union y daeth y gyfrol hon i fod. Daeth yr ysgogiad trwy law y Parchedig John G. Morris, B.D., gweinidog Capel Tŷ Rhys, Llangoed, a'm gwahoddodd i draddodi darlith ar 'Ymweliad Evan Roberts â Môn', nos Wener, 25 Mehefin 2004. Cesglais ynghyd fanylion o amryw ffynonellau, yn bennaf o bapurau Cymraeg y cyfnod, ac o'r cyfrolau niferus sy'n ymwneud â chrefydd ym Môn. Ac wedi dod i ben y dalar roedd cymaint o ddeunydd wedi ymgrynhoi ar fy nesg fel nad oedd dim byd amdani ond paratoi'r cyfan mewn cyfrol.

Diolchgar wyf i'r cyhoeddwyr am gyhoeddi'r gwaith ac i'r Parchedig John G. Morris am gomisiynu'r clawr a gofalu am luniau da i'r gyfrol. Cefais luniau o'r ymgyrch, a da cael cyfle i'w gweld yn y gyfrol.

Yr oedd yn gyfnod gwerthfawr ar ddechrau'r ugeinfed ganrif – yn y Gymru Gymraeg. Byr fu'r ymgyrch ond roedd ei ddylanwad yn bell-gyrhaeddol. A bu cyfraniad Evan Roberts yn gymeradwy mewn rhai ardaloedd yn fwy na'i gilydd, ac ym Môn yn fwy nag unman. Mawr obeithiaf y caiff darllenwyr y gyfrol hon fudd ohoni.

D. Ben Rees
Lerpwl

RHAN I

Cefndir y Genhadaeth

Erbyn i Evan John Roberts gyrraedd Ynys Môn ym Mehefin 1905 yr oedd eisoes yn ffigur pwysig ryfeddol yng Nghymru ac yn atyniad lle bynnag yr âi. Yr oedd yn un o'r sêr, yn *celebrity* crefyddol na welodd Cymru mo'i debyg byth wedyn.[1] Tyrrai pobl o bob man i'w weld ac i wrando arno. Yr oedd y glöwr ifanc, 26 oed, wedi troi Cymru ben i waered mewn naw mis, ac erbyn dechrau ei genhadaeth ym Môn yr oedd pob math o *accessories* wedi'u cynhyrchu i dynnu sylw ato. Nid ef oedd yn gyfrifol am hyn ond cwmnïau bychain a welai gyfle i elwa ar ei boblogrwydd. Yr oedd darlun-fotwm ar gael am geiniog o swyddfa'r *Goleuad* yng Nghaernarfon tra gwerthai cwmni C. Glasstone, 145 Smithdown Road, Lerpwl, ddarlun gwych ohono am ddeg ceiniog.[2]

Yr oedd y sir y deuai Evan Roberts iddi yn hen gyfarwydd â diwygiadau. Wedi'r cyfan buasai John Elias yn ffigur allweddol yn hanes Methodistiaeth Galfinaidd Cymru, ac yn un a gychwynasai ddiwygiadau. Roedd yn bregethwr anghyffredin iawn ym Môn. Disgrifiodd J. R. Kilsby Jones yn dra chofiadwy y miloedd yn tyrru i wrando ar John Elias yn Sasiwn Llanbedr Pont Steffan yn 1829:

> Mae lluoedd ar droed, llawer ar feirch, a'r gwŷr urddasol mewn cerbydau. Gwelir ugeiniau yn rheffynnu eu ffordd drwy y

> cymoedd, a brithir y llechweddau gan bedestrwyr ieuainc ysgafndroed a heini; mae sŵn y minteioedd hyn yn taro y glust fel murmur y môr ym mrig yr hwyr.[3]

Darlun digon tebyg i'r hyn a welwyd yn haf 1905 ym Môn – lluoedd ar droed, eraill ar feirch, rhai mewn cerbydau, a'r lleill mewn trên, a chyfran helaeth ohonynt yn bobl ieuainc. A dim ond ugain mlynedd aethai heibio ers diwygiad a gysylltid â gŵr hynod o'r enw Richard Owen. Ond profasai Môn lu o ddiwygiadau crefyddol, yn Aberffraw yn 1777, ym Mrynsiencyn a'r cyffiniau tua 1794, y sir i gyd yn 1822, Niwbwrch yn 1840, Diwygiad 1859 ac 1860 ac yna Ddiwygiad Richard Owen yn 1884 ac 1885.[4]

Tystiodd John Pritchard, Amlwch, i hynodrwydd Richard Owen fel a ganlyn:

> Dyn rhyfedd oedd Richard Owen! Ie, dyn rhyfedd iawn oedd efe! Y dyn rhyfeddaf a gododd yn yr oes hon. Dyn bychan iawn oedd efe, medd rhai; a dyn mawr iawn, medd eraill; ac y mae gwirionedd, i raddau, yn y naill ddywediad a'r llall. A dyma oedd yn ei wneyd ef yn ddyn rhyfedd – ei fod yn fychan ac yn fawr. Un o'r dynion lleiaf ydoedd, medd rhai – yr unig un a fu yn Athrofa y Bala yn rhy fychan i gael aros yno. Un o'r dynion mwyaf ydoedd medd eraill. Dyma brawf etto o wirionedd ein darnodiad o hono ef. Dyn rhyfedd ydoedd.[5]

Bron na ellid defnyddio'r union eiriau wrth sôn am Evan Roberts hefyd. Yr oedd ef, fel ei ragflaenydd, yn ŵr rhyfedd a newidiodd ansawdd y rhan fwyaf o eglwysi'r sir. Gellid dweud amdano yr hyn a ddywedodd John Pritchard am Richard Owen: 'Y mae ei hynodrwydd yn ddirgelwch i bawb ond i Dduw'.[6]

Yr oedd yr elfen ddiwygiadol yn bwysig yng nghyfundrefn grefyddol y sir. Roedd ymweliadau D. L. Moody ac Ira Sankey â Lerpwl yn 1874 wedi ennyn diddordeb mawr, a thrwy garedigrwydd Mrs Annie Davies, Treborth, merch y Parchedig Henry Rees, hwyluswyd y ffordd i weinidogion Môn o bob enwad fyned yno ynghyd â nifer o flaenoriaid.[7]

Rhaid cofio fod yna hoffter mawr o bregethwyr de Cymru yng nghapeli Môn o bob enwad. Un o'r de oedd Christmas Evans a fu'n arwr i'r Bedyddwyr ym Môn ac i'r Methodistiaid Calfinaidd, a cheid disgwyl mawr bob tro y deuai Dr Cynddylan Jones, David Saunders, Edward Matthews, W. E. Prytherch, Abertawe, gŵr a gawsai oedfa fythgofiadwy yn Sasiwn Brynsiencyn yn 1894.[8] Ddechrau 1905 daeth yr efengylydd R. B. Jones, Y Porth, Cwm Rhondda, i Fôn, a bu yno'n ymgyrchu trwy gydol mis Ionawr.[9] Ar y dechrau, hyd 12 Ionawr, bu'n cynnal cyfarfodydd yn Hebron, Caergybi, un o gapeli Bedyddwyr David Lloyd (1870–1927) ac R. R. Hughes (1871–1957) yn cynnal cyfarfodydd yn yr Hen Stesion. Rhoddir yr hanes yn gyflawn mewn erthygl yn *Seren Cymru*, 11 Chwefror 1905, sy'n tystio i lwyddiant mawr arweinyddiaeth R. B. Jones. Erbyn 10 Chwefror ymunasai dros ddau gant o aelodau newydd â'r eglwysi ymneilltuol. Llanfachreth oedd canolfan cenhadaeth R. B. Jones o 13 i 18 Ionawr a chafwyd cyfarfodydd diwygiadol llawn tân a gorfoledd yno. Ond nid felly y bu yn Llannerch-y-medd, lle y treuliodd R. B. Jones dri diwrnod, ac ni chafwyd gwelliant yn yr awyrgylch nes i fyfyrwyr Coleg y Bedyddwyr, Bangor, ddod yno i gynorthwyo. Ni chymeradwyai awdurdodau'r Coleg gyfranogiad y myfyrwyr o gwbl ond bu eu dyfodiad yn help mawr. Cafwyd 112 o dröedigaethau o fewn tridiau ar ôl i'r myfyrwyr gyrraedd. Cafodd R. B. Jones anawsterau pellach yn Amlwch ar ddiwedd y mis, ond rhaid oedd cofio am lwyddiant efengylydd arall o'r de, y Parchedig Joseph Jenkins, yno. Atgyfnerthwyd gwaith R. B. Jones gan gyfarfodydd cynnes, llawn awyddfryd i glodfori Crist yng nghapel y Bedyddwyr, Llaneilian, a bu cynyrfiadau ar hyd a lled yr ynys mewn lleoedd megis y Fali, Caergeiliog, Biwmares, Brynsiencyn a Niwbwrch. Erbyn Mawrth 1905 gallai'r bardd-bregethwr Elfed ddatgan yn *Y Cymro*, Mawrth 1905, rhifyn 2, fod 'Môn bron yn ynys i Grist'. Yn ogystal ag R. B. Jones, rhaid pwysleisio cyfraniad Joseph Jenkins, tad Diwygiad 1904-05. Bu ef yng Nghaergybi, ond yn Amlwch y cafodd y dylanwad mwyaf.[10] Ychwanegwyd trwy ei weinidogaeth rymus 60 o unigolion[11] at rif eglwys Capel Bethesda, Amlwch. Joseph Jenkins oedd y ddolen gyswllt a deffrodd ef amryw o ardaloedd yr ynys. Enghraifft dda o hyn oedd Moreia, Llangefni. Torrodd yr argae yno oblegid ei weinidogaeth ef a'r chwiorydd o Gei Newydd a deithiai gydag ef.[12] Bu'r efengyles Rosina Davies, rhwng 21 a 26 Chwefror 1903, yn cynnal cenhadaeth yn Llangefni, a gwir y dywedodd fod Ysbryd Duw yn symud yn rymus yn gynnar y flwyddyn honno. Ac meddai ym mis Tachwedd 1903:

> There was a Revival of spirit in the Churches, especially in North Wales. The indifference was passing, and there was an earnestness, a desire for a deepening of the spiritual life.[13]

Nid oedd eglwys yn y sir na phrofasai effeithiau daionus y Diwygiad cyn ymweliad Evan Roberts yn haf 1905. Diddorol yw'r dystiolaeth am hyn, a sylwi hefyd ar rai o'r arweinwyr brwd a geid ym mhob eglwys. Yng nghapel Gorslwyd yr oedd un o ddychweledigion Richard Owen, sef John Roberts, yr Allt, a fu'n flaenor o 1896 hyd ei farw yn 1933.[14] Cynhesai bob cynulliad crefyddol ym Môn gyda'i brofiad aeddfed a gwelwyd hynny pan aeth i gyfarfod yn un o eglwysi'r Parchedig Richard Matthews (cofnodydd y Diwygiad ym Môn) yn Nebo. Yr oedd nifer dda wedi dod i ddosbarth y dychweledigion, ac yn medru eistedd o amgylch Bwrdd yr Arglwydd ar 3 Ebrill 1905.[15]

Gŵr tebyg i John Roberts oedd Capten Hugh Jones o Eglwys Seilo yn Nosbarth Amlwch, Llywydd Henaduriaeth Môn yn 1905. Cymhellai Hugh Jones bawb i weddïo: 'Gweddïwch am dri munud, os daliwch ati yn hwy na hynny, fe ddaw'r diafol i feddiannu'r galon'.[16]

A bu hi'n noson fythgofiadwy ar yr ail nos Sadwrn yn Ionawr 1905, diweddglo wythnos o weddïau ar ddechrau'r flwyddyn. Daeth y Golomen Nefol yn ei grym, a thystiai'r Parchedig Hugh Pugh, Aberffro, iddo fethu â gorfoleddu hyd nes iddo ddod i Seilo. A rhaid nodi hefyd fod un o blant Diwygiad 1859, William Williams, Llain Foi, yn un o bileri Seilo, ac yn un o weddïwyr mawr yr ynys.[17]

Daeth y Diwygiad i Benygarnedd ar derfyn Cyfarfod Gweddi un nos Sul yn Rhagfyr 1904. Bron bob nos Sul wedi hynny cynhaliwyd Cyfarfod Gweddi, ac erbyn diwedd Chwefror 1905 roedd yna 15 o ddychweledigion. Yng nghapel y Gaerwen ceid Evan Parry, gof Pensarn Berw, ac un o blant Diwygiad Richard Owen, a'i ysbryd yn wresog ers 20 mlynedd.[18]

Llanfairpwllgwyngyll oedd un o'r lleoedd cyntaf ym Môn i brofi'r grymusterau. Daethai'r Diwygiad yn rhan amlwg o fywyd y gymuned yn sgil cau chwarel y Penrhyn, ger Bethesda, yn dilyn y streic a barodd i nifer fawr o'r chwarelwyr fudo i feysydd glo'r de. Gwrandawyd ar y rhain yng Nghapel Rhos y Gad wedi iddynt ddod adref i dreulio gwyliau'r Nadolig yn 1904 yn adrodd gwyrthiau gras a fuasai'n foddion i ennill eneidiau o'r newydd i Grist. Er ei fod ef yn hoffi trefnusrwydd sylweddolodd y gweinidog, y Parchedig W. J. Williams, pregethwr grymus, llenor a darlithydd gwerth ei glywed, y byddai'n rhaid iddo newid ei agwedd. Rhoddodd ef a'r blaenoriaid gyfle i'r ifanc, a chyn dyfodiad Evan Roberts i Lanfairpwllgwyngyll yng Ngorffennaf 1905 yr oedd eisoes drigain a deg wedi ymuno o'r newydd â'r eglwys yn Rhos y Gad, a degau eraill ag eglwysi'r cylch.[19]

Digwyddodd y Pentecost yng Nghapel y Gad ar nos Sul, 5 Chwefror 1905. Bu'r cennad, y Parchedig Eames Williams, Caergybi, ar ei liniau yn y sêt fawr o bump hyd naw o'r gloch. Dim ond ei destun a roddodd i'r gynulleidfa, sef 'Pan adeiladech dŷ gwna ganllawiau o amgylch i'th nen'. Daeth y Parchedig Evan Jones, Llangristiolus, heibio ar ei ffordd o'i gyhoeddiad yntau ac ymunodd yn y mawl a'r gorfoledd. Derbyniwyd 11 o'r byd yn aelodau yng Nghapel y Gad y noson honno.[20]

Yn Nothan ceid William Jones, Tal y Llyn, gŵr a ddywedid amdano ei fod yn 'tynnu'r nefoedd i lawr mewn cyfarfod gweddi'. Un o ddychweledigion Diwygiad 1859 ydoedd, ac ef, ynghyd â Thomas Edwards, y Groeslon, blaenor er 1904, a arweiniai'r cyfarfodydd gweddi o ddechrau 1905 ymlaen. Daeth y cyffro mawr pan weddïodd Robert Hughes, gwas yn fferm Ty'n y Coed.

Dyma'r adroddiad gwych am yr hyn a ddigwyddodd o dan ei arweiniad ef:

> Ymddangosai fel pe wedi mynd y tu mewn i'r llen, a chlywid tinc y clychau o'r pomgranadau ar ymyl ei wisgoedd. Aeth pob calon yn deilchion, a bu gorfoledd mawr wrth anwylo'r Arglwydd Iesu.[21]

Yn Horeb, Llangristiolus, crynhodd dylanwadau'r Diwygiad trwy gyfrwng y Cyfarfod Gweddi nos Sadwrn. Cychwynnwyd y cyfarfod gan dri o'r bechgyn ifainc, dau ohonynt wedi clywed Evan Roberts ym Methesda, Arfon.[22] Cyrhaeddodd y Diwygiad Nasareth, Pentraeth, yn Ionawr 1905, eglwys a glywsai Richard Owen yn traddodi ei bregeth olaf ar 16 Chwefror 1887. Daeth grymusterau ysbrydol i Nasareth trwy bregeth y Parchedig J. Mills Jones, Llannerch-y-medd. Arhosodd dau o'r newydd yn y Seiat, a dyma'r blaenffrwyth. O Ionawr ymlaen, trefnwyd cyfarfodydd gweddi yn gyson ar hyd y flwyddyn.[23]

Yr oedd yr awydd yn angerddol am gwmni Evan Roberts. Un o'r rhai mwyaf angerddol am ei weld a'i glywed yn bersonol oedd y Parchedig Hugh Williams, Amlwch.[24] Daethai ef o dan ddylanwad Joseff Jenkins ac yn rhan o'r Cyfarfodydd Gweddi yn Llofft y Felin, Llaethdy Bach, Amlwch. Addawodd W. Llewelyn Lloyd fynd gydag ef. Roedd W. Llewelyn Lloyd wedi gwrando arno rai wythnosau ynghynt yn Llansamlet. Cyrhaeddodd y ddau orsaf reilffordd Pont-y-pŵl lle cawsant afael ar y *Western Mail* a deall fod y Diwygiwr yn dioddef gan ei nerfau. Oddi yno i Gaerdydd, a chyfarfod ar y stryd ag un o wŷr amlwg Sasiwn y De, y Parchedig Ddr John Morgan Jones.[25] Deall hefyd fod y Parchedig John Williams, Hyfrydle, Caergybi, ar ei ffordd. Penderfynwyd mynd nos Fawrth i Lwynypia ger Tonypandy lle roedd Dan Roberts, brawd Evan Roberts, yn cynnal cyfarfod diwygiad. Clywodd y ddau o Fôn bethau anhygoel – un eglwys yn rhifo 120 cyn y Diwygiad ond y Sul blaenorol yr oedd 950 yn yr Ysgol Sul.

Penderfynwyd mynd o Gaerdydd i Nant-y-moel ar y trên.

Cyd-deithiai llu o bobl ar yr un trên ar yr un perwyl, gwŷr a gwragedd crefyddol o Ffrainc, Iwerddon, yr Alban, Lloegr ac un cenhadwr o Tseina.[26]

Fore Iau cafodd Llewelyn Lloyd a Hugh Williams gyfle i gyfarfod â'r Parchedig D. Mardy Davies, Pontycymer, ysgrifennydd di-dâl Evan Roberts.[27] Addawodd Mardy Davies y byddai'n trefnu iddynt weld y Diwygiwr, ac roedd y ddirprwyaeth o Fôn uwchben ei digon. Roeddynt yn ffodus oherwydd, fel rheol, yn ôl Hugh Williams, 'ychydig yw y rhai a gânt weled y Diwygiwr yn bersonol'.

Aeth W. Llewelyn Lloyd, Hugh Williams a D. Mardy Davies i'r tŷ lle lletyai'r Diwygiwr erbyn 4 o'r gloch. Roedd Evan Roberts yn ei ystafell wely yn cadw draw o'r gohebwyr a'r cyhoedd. Roedd gŵr o ddwyrain Lloegr (East Anglia) am ei weld a nifer dda o ddieithriaid eraill. Blinodd y ddau o Fôn ar yr aros, a phenderfynasant fynd i gyfarfod gweddi yng nghapel Saron, y Bedyddwyr, lle clywsant y dyrfa fawr yn canu 'Y Gŵr wrth Ffynnon Jacob'. Roedd Hugh Williams wedi ei lorio a'i syfrdanu a'i ymateb i'r hyn a welodd oedd datgan bod 'Saron yn llawn o Dduw'.

Cariwyd W. Llewelyn Lloyd gan y dorf i ymyl y pulpud. Roedd dagrau'n treiglo dros ei ruddiau a siglai fel corsen yn y gwynt. Yna, nerth ei geg ac o dan deimladau angerddol, dyma'r gŵr ifanc yn gweiddi: 'Mae drws trugaredd heb ei gau'. Bloeddiodd y dorf yn uwch nag ef. Ond nid un i ildio'n hawdd oedd Llewelyn. Gwaeddodd mewn perorasiwn godidog:

> Y mae i gau, meddai Robert Roberts, Clynog. Mae wedi bod yn agored ers oesoedd, a'r *hinges* wedi rhydu ond rhyw ddiwrnod fe fydd yn cau, a bydd ei ysgrechiadau yng nghlustiau'r damnedigion i dragwyddoldeb, ond bendigedig fyddo Duw heb ei gau heddiw yn Nant-y-moel.[28]

Pan eisteddodd W. Llewelyn Lloyd yr oedd y capel yn ferw, a dyma'r dorf yn dechrau canu:

> Dewch wrthgilwyr trist,
> At Iesu Grist yn ôl.

Nid anghofiai Hugh Williams yr oedfa tra byddai byw.

Erbyn hanner awr wedi pedwar yr oeddynt yn ôl yn nhŷ Mr Mills am eu cyfweliad gyda'r Diwygiwr. John Williams a gyflwynodd eu cais. 'Yr wyf fi yn eithaf bodlawn i ddod, ond nis gwn beth ddywed Duw,' atebodd Evan Roberts. Yna newidiodd ei wedd. Roedd ei gorff yn Nant-y-moel ond ei feddwl yn bell i ffwrdd mewn gweddi, ac ymhen ennyd dyma fe'n troi at y ddirprwyaeth o Fôn, gan ddatgan: 'Y mae'r Arglwydd yn foddlawn yn awr'.[29] Beth oedd y neges ar gyfer trigolion Ynys Môn? Distawrwydd pellach. Tynnodd ei law oddi ar ei wyneb gwelw a dyma'r dagrau'n dechrau llifo. 'Dyma hi'n dod,' meddai, 'Cofio'r Gwaed'. Cydiodd yn llaw y Parchedig Hugh Williams, a theimlodd yntau wres yn mynd trwy ei holl gorff. Daliodd i wylo'n hidl. 'Cofio John Williams, cofio'r gwaed, nac aed hwnnw byth o'm cof.' Teimlai'r pedwar o Fôn mai llestr etholedig Duw ydoedd, a dywedodd Hugh Williams: 'Yn ddi-ddadl y mae'n un o'r dynion mwyaf ysbrydol a welodd Cymru, os nad Ewrop, ers oesau'.[30]

Dychwelodd y pedwar i Fôn yn hapus braf. Roedd Evan Roberts wedi addo dod i'w plith, a byddai hawddgarwch ei bersonoliaeth, unplygrwydd ei gymeriad a'i argyhoeddiadau di-syfl yn creu syndod ar ôl syndod ar yr ynys. Ac fe ddaeth Evan Roberts i Fôn trwy Lerpwl. Yno, ar lannau'r Merswy yn niwedd Mawrth ac Ebrill, y cynhaliwyd pedwaredd ymgyrch y Diwygiad. Yr oedd yr ymgyrch hon yn newydd iawn iddo. Hyd hynny, gweithio o'i ben a'i bastwn ei hun a wnaethai, ond yn Lerpwl yr oedd y cyfan o dan nawdd Cyngor Eglwysi Rhyddion Cymraeg y ddinas a'r gŵr mwyaf dylanwadol ymhlith y trefnwyr oedd y Parchedig John Williams, gweinidog eglwys niferus Princes Road. Ef hefyd fyddai'r ddolen gyswllt â'i genhadaeth ym Môn.[31]

Sonia'r Parchedig Richard Mathews, Nebo, yn ei ysgrif yn *Y Cymro* yn 1925 am y disgwyl a fu amdano ac am bryder Cyfarfod Misol Môn a gyfarfu ym Miwmares ar ddydd Llun olaf Mai.[32] Ond yn ei dyb ef yr oeddynt yn ffodus o gael cefnogwr pennaf Evan Roberts yn y Cyfundeb, y Parchedig John Williams, Princes Road, i gadw golwg ar Genhadaeth Môn. Roedd y Cyfarfod Misol yn dymuno i John Williams ddod gydag ef. Cymeradwywyd y rhaglen ganlynol gan yr Henaduriaeth: Caergybi am bedair noson; Llangefni am dair noson; Amlwch am dair noson; a dwy noson yr un yng Ngwalchmai, Brynsiencyn, Tabernacl, Biwmares, Porthaethwy, Cemaes a Llannerch-y-medd.[33] Yr oedd dymuniad hefyd ei fod yn galw yn un o ddwy ganolfan yn Nosbarth Bodedern. Mawr obeithid y byddai ym Môn am fis o amser, ac y cymerai ddau gyfarfod ar y Suliau.

Yr oedd Dr John Williams, Lerpwl, wedi anfon llythyr i'r Henaduriaeth i'w chymell i 'ddarpar ar gyfer Mr Roberts, hynny yw, cael gafael ar yr esgeuluswyr, yn arbennig yn y trefi'.[34] Anfonwyd cenadwri o Gyfarfod Misol Amlwch i'r holl Ddosbarth-iadau i ofyn iddynt gydweithio gyda brodyr a chwiorydd o enwadau eraill yn y mater hwn, ond gan fod Sir Fôn fel un capel mawr Methodist nid oedd gan y Wesleaid, y Bedyddwyr a'r Annibynwyr lawer o ddewis ond cytuno. Y Methodistiaid Calfinaidd oedd yn gyfrifol, felly, am y trefniadau, a hwy oedd yn gyfrifol am y treuliau. Roedd *Y Tyst*, papur cenedlaethol yr Annibynwyr, yn llawdrwm ar hyn drwy erthyglau difyr y Parchedig R. P. Williams, Caergybi. Credai ef y gellid fod wedi gwneud yr hyn a wnaed yn Lerpwl yn nhref Caergybi, sef trefnu'r cyfarfodydd o dan nawdd Cyngor yr Eglwysi Rhyddion.[35] Ond fel y tystia R. P. Williams, ymgynghorwyd â gweinidogion yr enwadau Ymneilltuol Protestannaidd eraill ar faterion llai pwysig, megis penodi ymwelwyr i chwilio esgeuluswyr, gofalu am drefn yn y gwasanaethau a chael digon o stiwardiaid i ofalu am y dychweledigion. Ond, meddai R. P. Williams, digwyddiad enwadol oedd y genhadaeth ym Môn, 'ac mewn capelau un enwad y bwriedid i'r cenhadwr enwog fod'.[36]

Beirniadodd y Parchedig R. R. Hughes, cofiannydd John Williams Lerpwl a Brynsiencyn, ei wrthrych yn llym am dri pheth yng nghenhadaeth Evan Roberts yn Lerpwl, sef:

a) trefnu cyfarfodydd mawrion;
b) trefnu derbyniad yn Neuadd y Ddinas a'r Arglwydd Faer yn llywio'r croeso;
c) rhoddi'r sylw i gyd ar y Diwygiwr yn hytrach nag ar y Diwygiad.

Dyma'i eiriau:

> Bu gan John Williams ran fawr mewn symud y sylw oddi wrth y Diwygiad at y Diwygiwr ... ac anghofiwyd cenadwri'r Diwygiad yn y rhedeg ar ôl y dyn gwyrthiol. Yr oedd John Williams yn fwy cyfrifol na neb arall am hyn oll.[37]

Bu cenhadaeth Evan Roberts yn Lerpwl yn un anodd, a chafodd archwiliad gan bedwar o feddygon amlwg y ddinas oherwydd y straen emosiynol arno ac am iddo fynd allan o'i ffordd i darfu ar y ddadl boenus rhwng y Presbyteriaid Cymraeg neu'r Methodistiaid Calfinaidd a'r enwad newydd a darddodd o ffrae W. O. Jones, Chatham Street, a'r enwad newydd, Eglwys Rydd y Cymry.[38] Penderfynodd Evan Roberts ddilyn cyngor y meddygon a chymryd seibiant. Treuliodd y rhan fwyaf o'r mis, o 19 Ebrill hyd 16 Mai, yn ymlacio ac yn gorffwyso yn y Royal Hotel, Capel Curig.[39] Ymadawodd â Chapel Curig ar 16 Mai 1905 a theithio gyda'r trên o Fetws-y-coed i Ros-goch, lle'r oedd trap a cheffyl yn aros i'w gludo i'w lety ym mhlasty moethus yr Wylfa, Cemaes, ail gartref yr adeiladydd a'r Methodist mawr o Lerpwl, David Hughes (1820–1904), tad-yng-nghyfraith John Williams.[40] Cafodd groeso na fu ei debyg, cannoedd ar gannoedd yn disgwyl yn eiddgar i gael cip arno ar hyd y lonydd culion, ac yntau fel tywysog yn cydnabod presenoldeb y werin bobl trwy godi ei law i'r dde ac i'r chwith a'r bonllefau yn diasbedain ar draws y caeau a'r tyddynnod. Yr oedd Mr Evan Roberts wedi cyrraedd Môn a oedd, chwedl Elfed, 'bron yn ynys i Grist'.

* * *

NODIADAU

1 Ceir crynodeb hwylus o'i apêl gan Robert Pope yn 'Wales and the great awakening', *Church Times*, 26 Mawrth 2004, tt. 18–20.

2 Ymddengys hysbyseb yn *Y Cymro* (papur a argreffid yn Lerpwl), 'A splendid portrait of Evan Roberts 10 Pence each. Post free. C. Glasstone, Carver, Gilder, Picture Frame Maker and Mount Cutter, 145, Smithdown Road, Liverpool'.

3 J. R. Kilsby Jones, 'John Elias yn Sasiwn Llanbedr Pont Stephan yn y flwyddyn 1829', *Y Geninen*, Cyf. XVIII, 1899, tt. 270–1.

4 John Pritchard, *Methodistiaeth Môn*, Amlwch, 1888, tt. 366–374.

5 Ibid., t. 374.

6 Ibid.

7 Ac un o'r blaenoriaid a ddaeth yn drwm o dan ddylanwad Moody a Sankey oedd y cyfreithiwr o Langefni, Samuel Dew (1814–1884), gŵr a feddai ddylanwad mawr yng Nghyfarfod Misol Môn. Gweler John Pritchard, ibid., tt. 352–3.

8 Buasai hyn yn arferiad ers y pumdegau a chwedegau'r bedwaredd ganrif ar bymtheg. Ymhlith y rhai a ddeuai yr adeg honno o'r de yr oedd Thomas John, Cilgerran; Dafydd Morgan, Ysbyty Ystwyth (y diwygiwr); Evan Phillips, Capel Drindod; William Jones, Aberteifi; Jonah Phillips, Llanymddyfri; David Saunders, Aberdâr; William Thomas (Islwyn); David Jones, Llangeitho; T. Evans, Rock (Mynwy); William Williams, Abertawe a B. D. Thomas, Llandeilo. Gohebai pob un o'r rhain â Hugh Williams, Parc-glas, Bethel (m. 1875), un o brif flaenoriaid Môn yn ei ddydd (gw. J. Pritchard, *Methodistiaid Môn*, t. 350). Gw. hefyd, G. M. Roberts, CM Archives (Y Greirfa) *Cylchgrawn Hanes*, Rhifyn 3, 1979, t. 60. Pregethwr a oedd yn gryn ffefryn ym Môn oedd Edward Matthews (1813–92). Dotiai'r cynulleidfaoedd ar ei arabedd wrth gyflwyno'r Efengyl yn nhafodiaith Bro Morgannwg, ei arddull ddramatig, a'i lais fel utgorn. Ef oedd brenin y Sasiynau. Cyhoeddodd J. J. Morgan, Yr Wyddgrug, gofiant iddo yn 1922, *Cofiant Edward Matthews, Ewenni*, clamp o lyfr difyr.

9 Am genhadaeth R. B. Jones yng Nghaergybi, Llannerch-y-medd ac Amlwch, gweler Jessie Penn-Lewis, *The Awakening in Wales*, Poole (dd), tt. 61–3.

10 Joseph Jenkins, gw., *Y Bywgraffiadur Cymreig hyd 1940*.

11 (Gol.) Hugh Owen, *Hanes MC Môn 1880–1935*, Lerpwl, 1937, t. 87.

12 Ibid., t. 12 a t. 291.

13 Rosina Davies (Evangelist), *The Story of My Life*, Llandysul, 1942, t. 185.

14 Ibid., *Hanes MC Môn 1880–1935*, t. 95.

15 Ibid., tt. 99-100. Ysgrif flasus ydyw ysgrif y Parchedig Richard Matthews, 'Diwygiad 1904-05' yn *Hanes MC Môn 1880–1935*, tt. 46–53.

16 Ibid., t. 102.

17 Ibid.

18 Ibid., t. 241.

19 Ibid., t. 246.

20 Ibid., t. 272.

21 Ibid., t. 284.

22 Ibid., t. 297.

23 Ibid., t. 365.

24 Ganwyd a magwyd y Parchedig Hugh Williams, DD, Amlwch, yn Rhos-goch. Daeth o dan ddylanwad mab Dr Lewis Edwards, Y Bala, sef y Parchedig Ddr Thomas Charles Edwards, Prifathro cyntaf Coleg y Brifysgol, Aberystwyth, pan symudodd ef fel olynydd ei dad i ofalu am Goleg y Presbyteriaid yn y Bala. Ar ôl dilyn cwrs pellach yn yr Almaen, dychwelodd Hugh Williams i'w sir enedigol. Ef a draddododd y Ddarlith Davies yn y Gymanfa Gyffredinol yn Nolgellau a gyhoeddwyd yn gyfrol o dan y teitl, *Grym y Groes*. Derbyniodd Ddoethuriaeth mewn Diwinyddiaeth (er anrhydedd) gan Brifysgol Princeton, yr Unol Daleithiau. Bu farw ar 25 Awst 1953 yn 91 oed. Dywedid amdano ei fod yn bregethwr cwbl unigryw.

25 Yr oedd John Morgan Jones (1838–1921) fel ei deulu wedi profi yn helaeth o Ddiwygiad 1859-60 yn Llanddewibrefi. Ei fam ef, Jane Morgan Jones, oedd un o wragedd mwyaf blaenllaw'r Diwygiad yn Nyffryn Teifi. Aeth dau o'i meibion hi i'r weinidogaeth gyda'r Methodistiaid Calfinaidd. Cadwai hi a'i phriod allor deuluaidd yn eu cartref bob dydd. Canodd ei mab, y Parchedig Dafydd Morgan Jones, Trefforest, fel hyn iddi:

> Y llawr o bridd âi'n balmant o aur
> I'm chwaer a John a mi;
> A'r dodrefn llwyd âi'n ddodrefn claer
> Gan lewyrch nefoedd fry.

Ordeiniwyd John Morgan Jones yn 1870 a bu'n gweinidogaethu yn Neri (1869), Ystalyfera (1871) a Threfforest cyn mynd i Eglwys Pembroke Terrace, Caerdydd, lle bu'n fugail o 1875 hyd 1912. Roedd John Morgan Jones yn gawr o ddyn ac ni chawsai Sasiwn y

De arweinydd diogelach er dyddiau Ebenezer Richard, Tregaron. Roedd rhesymeg didostur yn perthyn iddo a dawn dihafal fel hanesydd fel y gwelir ar dudalennau cylchgronau fel *Y Lladmerydd, Y Drysorfa* a'r *Dehonglwr*, ond medrai weithiau fod yn ddigon diffrwt pan gyhoeddai'r efengyl ym mhulpud Bethesda, Llanddewibrefi. Yn Nhŷ'r Capel y preswyliai Marged Richard, cyfnither iddo, ac ar ddiwedd yr oedfa dyma hi'n troi ac yn dweud, 'John, petai dy gwpwrdd di gen i fuaswn i ddim wedi gadael i'r gynulleidfa fynd ar ei chythlwng y bore 'ma'. Ond gwnaeth Duw iddo'i hun yn y Cyfundeb fel arweinydd y Symudiad Ymosodol, mudiad pwysig yng nghychwyniad Diwygiad 1904-05, a dangosodd ei enwad werthfawrogiad o'i allu uwchraddol fel trefnydd trwy ei ethol yn Ysgrifennydd y Gymanfa Gyffredinol a'i osod ddwy waith yn ei chadair. Am ragor o wybodaeth amdano gweler D. Ben Rees, *Hanes Plwyf Llanddewibrefi* (Llanddewibrefi, 1984), tt. 89–92; J. Gwynfor Jones, *The Revd John Morgan Jones, Pembroke Terrace, Cardiff*, 1838–1921), *Cylchgrawn Hanes* Cymdeithas Hanes y Methodistiaid Calfinaidd, Rhif 26-7, 2002-3, tt 90–121.

26 Hugh Williams, Amlwch, Ymweliadau Mr Evan Roberts yn Nantymoel, *Y Diwygiad a'r Diwygwyr* (1906), t. 333.

27 Yr oedd tad y Parchedig D. Mardy Davies yn enedigol o Landdewibrefi. Treuliodd ran o fore'i oes yn ffermdy Brynowen, yn un o 13 o blant. Bu'n cynorthwyo'i dad ar ei dyddyn nes ei fod yn 23 oed, yna aeth i Forgannwg, gan ymgartrefu yn Nowlais. Symudodd yn ddiweddarach i'r Maerdy ac i'r Porth yng Nghwm Rhondda. Bu'n un o arloeswyr Methodistiaeth Morgannwg gan godi pedwar o blant a oedd mor frwd ag ef dros eu henwad. Mab i'r Parchedig D. Mardy Davies oedd Syr Daniel Thomas Davies (1899–1966), a phenodwyd ef yn 1938 yn feddyg i'r teulu brenhinol gan ddod yn feddyg i'r Brenin Sior VI ac yn ddiweddarach i'r Frenhines Elisabeth, a pharhaodd yn feddyg i Ddug Windsor gan ei fod yn un o'i ffrindiau personol. Bu hefyd yn feddyg i Evan Roberts, arwr ei dad. E. D. Jones, 'Syr Daniel Thomas Davies, 1899–1966 yn *Y Bywgraffiadur Cymreig 1951–1970* (Golygyddion E. D. Jones a Brynley Roberts), Llundain, 1997, t. 23.

28 Ceir portread o Llewelyn Lloyd gan Robert Ellis, *Doniau a Daniwyd*, ibid., tt. 67–9.

29 Hugh Williams, op. cit., t. 340.

30 Ibid.

31 Cyn mentro am Lerpwl penderfynodd Evan Roberts drosglwyddo'r arian a feddai fel y byddai'n cyrraedd porthladd prysur heb geiniog yn ei boced. Dyma eiriau ei ffrind, y Parchedig Ddr D. M. Phillips, Tylorstown: 'Gwnaeth hyny trwy roddi £200 i glirio Pisgah, Bwlchymynydd, oedd mor anwyl iddo, £150 i dalu rhan ddyled Moriah (CM), Casllwchwr, a £10 i Mr David Williams, Llansamlet, cyd-efrydydd ag ef yng Nghastellnewydd Emlyn. Cafodd bod swm yn ei logell ar orsaf y rheilffordd, pan yn cychwyn am Lerpwl [28 Mawrth 1905] a rhoddodd hi i Dan ei frawd i'w dwyn i wraig oedrannus dlawd drigai yng Nghasllwchwr. Cyrhaeddodd Lerpwl heb geiniog ganddo'. Gweler, D. M. Phillips, *Evan Roberts a'i Waith*, Dolgellau, 1912, t. 335.

32 Richard Matthews, 'Mr Evan Roberts yn Môn', *Y Cymro*, Mehefin 1925.

33 Richard Matthews, Pen-y-sarn, 'Diwygiad 1904-05' yn *Hanes MC Môn 1880–1935*, op. cit., tt. 46–53.

34 Ibid.

35 R. P. Williams, 'Evan Roberts yn Môn: Y Genhadaeth yn Bryn-du, Llangefni a Chaergybi', *Y Tyst*, Mehefin 28, 1905, t. 9.

36 R. R. Hughes, *John Williams, Brynsiencyn*, tt. 157–8.

37 Gweler, *Y Goleuad*, 18 Tachwedd 1904, t. 7.

38 Ceir pennod hynod o ddifyr ar Eglwys Rydd y Cymry yn R. Tudur Jones, *Ffydd ac Argyfwng Cenedl: Hanes Crefydd yng Nghymru 1890–1914. Prysurdeb a Phryder*, Abertawe, 1981, tt. 210–246.

39 Gweler *British Weekly*, 27 Ebrill 1905, t. 60.

40 Yr oedd David Hughes, yn ôl Robert Williams, Cemaes, yn ŵr bendigaid a'i galon gymaint â'i gyfoeth. Am y stori yn llawn, gweler D. Ben Rees (Gol.), *Cyfaredd Capel Bethesda, Cemaes, Môn (1781–1981)*, Lerpwl a Llanddewibrefi, 1981, t. 19. Hefyd 'Coffáu David a Jane Hughes, Anfield' yn D. Ben Rees, *Cymry Lerpwl a'r Cyffiniau, Cyfrol 1*, Lerpwl a Llanddewibrefi, 1997, t. 68.

RHAN II

Cenhadaeth Evan Roberts ym Môn

Dechreuwyd y Genhadaeth ar nos Fawrth, 6 Mehefin, yng nghapel Bethesda, Amlwch, a ddaliai 1,000 o gynulleidfa. Yr oedd y ddwy ferch, Annie Davies, Maesteg, a chwaer y Diwygiwr, Mary Roberts, wedi cyrraedd bnawn Llun ac roedd y ddwy ohonynt yn aros yng nghartref Richard Matthews.

Agorwyd drysau Bethesda am 4.30 y prynhawn, ac o fewn munudau roedd y lle'n orlawn. Cafwyd Cyfarfod Gweddi i gychwyn o dan ofal y Parchedig Thomas Evans, gweinidog yr Annibynwyr. Roedd yn gyfarfod gwych a'r canu yn orfoleddus, ac erbyn 7 o'r gloch, cyraeddasai Evan Roberts yng nghwmni'r Parchedig Thomas Charles Williams, Hugh Williams, Mary Roberts ac Annie Davies. Esgynnodd i'r pulpud tra oedd y gynulleidfa'n canu, 'Os caf Iesu, dim ond Iesu'.

Siaradodd Evan Roberts yn effeithiol iawn ar bwysigrwydd addoli yn y dirgel yn ôl gwahoddiad yr Iesu, a phwysleisiodd fod gan ei wrandawyr, fel disgyblion, gyfrifoldeb i gynorthwyo'u cydfforddolion i ddod o hyd i'r Ceidwad. Cyn eistedd galwodd ar i'r dorf ganu ei hoff emyn, sef emyn Dafydd Jones (1711–77), y porthmon o Gaio yn Sir Gaerfyrddin.

O Arglwydd, galw eto
fyrddiynau ar dy ôl,
a dryllia'r holl gadwynau
sy'n dal eneidiau'n ôl;
a galw hwynt o'r dwyrain,
gorllewin, gogledd, de,
i'th Eglwys yn ddiatal –
mae digon eto o le.[1]

Ar ôl iddynt dewi fe ganodd Annie Davies emyn Hiraethog 'Dyma Gariad' nes bod y dyrfa fawr wedi ei syfrdanu.[2] Gweddïodd y ferch ifanc, Mary Roberts, ac am 9 o'r gloch dyma Dr Thomas Charles Williams yn profi'r cyfarfod am y tro cyntaf. Gwelai gweinidog Capel Mawr, Porthaethwy, mai nifer fechan iawn o'r gynulleidfa fawr oedd heb fod yn aelodau eglwysig ac ni ddisgwyliai lawer o ymateb.[3] Serch hynny, ymatebodd pump o'r newydd a methodd Evan Roberts ag ymatal rhag llefaru 'Diolch iddo!'

Cododd y Diwygiwr a darllen Dameg y Ffigysbren. Ac ar ôl darllen dyma ofyn nifer o gwestiynau: 'Pam yr ydach chi'n gwrthod?' 'Pa bryd y byddwch chwi'n barod?' 'Ym mhen blwyddyn?' 'Hwyrach y byddwch yn barod i'r bedd yfory.' Ceisiodd T. Charles Williams brofi yr eildro, a'r tro hwn cafwyd tri yn rhwyd yr Efengyl. Yr oedd holl weinidogion Ymneilltuol Amlwch a'r cyffiniau yn yr oedfa a thri o weinidogion yr Annibynwyr Seisnig, y Parchedigion Crispin Holt, R. Brotherton, a W. R. Barron, Sheffield. Cofier hefyd fod yna gyfarfod yn cael ei gynnal yn yr ysgoldy yr un pryd.

Yr ail gyfarfod yn Amlwch

Drannoeth, ar ddydd Mercher 7 Mehefin, yr oedd yr ail gyfarfod yn Amlwch yn dechrau am 5 o'r gloch, ac am 7 o'r gloch cyrhaeddodd Evan Roberts a'i osgordd, sef John Williams, Lerpwl, Mary Roberts, Annie Davies a'r efengylydd tanbaid o Fethesda, William Hughes.

Yr olaf a siaradodd gyntaf gan roi'r gynulleidfa fawr ar dân gyda hanes ei dröedigaeth.

Testun Evan Roberts oedd Pen Calfaria. Cymharodd Galfaria â Sinai. 'Awel yr ydym yn gofyn amdano,' meddai, 'ond fe ddylem gael storom i'n syfrdanu.' Ac yna brawddeg delynegol, nodweddiadol o bregethwyr fel W. Llewelyn Lloyd ac eraill: 'Yr oedd marwolaeth yn y storm ond gobaith yn yr awel'. Cododd Annie Davies i ganu'r emyn 'Cof am y cyfiawn Iesu' o waith William Lewis, Llangloffan.[4]

Cododd y Diwygiwr, ond torrodd i lawr a bu o'r golwg am ysbaid. Profwyd y cyfarfod gan John Williams, ond nid oedd yno neb o'r newydd. Gofynnodd am adnodau ac fe gafodd ddigonedd ohonynt cyn i Mary Roberts adrodd Dameg y Mab Afradlon o bymthegfed bennod Efengyl Luc. Ceisiodd John Williams brofi'r cyfarfod yr eildro, a chododd brawd ar ei draed i ddweud am frawd a oedd yn ei ymyl nad oedd yn barod y noson honno i dderbyn Iesu Grist yn Waredwr. Cododd Evan Roberts ar ei draed yn ddiymdroi a gofyn mewn difrifoldeb, 'Pa bryd y gwnaiff e'r dewis?' Ond wrth gloi cyhoeddodd John Williams na chawsid gwell cyfarfod, a gwahoddodd y gynulleidfa i gydadrodd Gweddi'r Arglwydd.

Pen-blwydd y Diwygiwr

Roedd dydd Iau, 8 Mehefin, yn ddiwrnod cofiadwy. Diwrnod pen-blwydd Evan Roberts yn 27 oed ydoedd, a daethai llawer o bobl i Amlwch i'w longyfarch gan gynnwys ymwelwyr o'r Alban a Lloegr. Roedd Evan Roberts mewn ysbryd rhagorol ac yn rhyfeddu at yr olygfa hardd ar drydedd noson y genhadaeth yng nghapel Bethesda. Traddododd beth o'r anerchiad a roddasai yn Sun Hall, Kensington, Lerpwl, ar Iesu y Duw-Ddyn:

> 'Nid yw ond Dyn, dim ond Dyn, os felly dyma ddyn sydd wedi cyfnewid gwyneb yr oll o Gymru a'r Hwn sydd yn newid gwyneb y byd. Na, nid dyn yn unig ydyw ond Efe yw Duw, ac iddo ef y byddo'r gogoniant. AMEN.'

Roedd y Parchedig John Williams wedi'i gynhyrfu a chododd ei lais yn uchel wrth iddo annerch y newyddiadurwyr a ddaethai i wylio:

> Bydded i Ysbryd Duw gynorthwyo cynrychiolwyr y wasg i ddisgrifio yn briodol y golygfeydd a welsid yn y cyfarfod, fel y gallai hyn ledaenu y tân dros yr holl wlad. Ond ofnaf ei fod tu hwnt i'w gallu i wneud hynny.

Aeth John Williams ati i brofi'r cyfarfod a chafwyd 12 o ddychweledigion. Ond nid oedd Evan Roberts yn fodlon ar yr ymateb, a chododd ar ei draed i ymbil ar y gwrthgilwyr. John Williams a glodd y cyfarfod gydag araith a oedd yn frith o gynghorion, a diolchodd am ddechrau cystal i'r Genhadaeth.[5]

Cyfarfod awyr agored yng Nghemaes

Nos Wener, 9 Mehefin, tro pentref Cemaes i groesawu'r Diwygiwr oedd hi ac roedd oedfa i'w chynnal yng nghapel Bethesda. Ond, yn annisgwyl, bu'n rhaid newid y trefniadau a symud allan i'r awyr agored. Paratowyd esgynlawr ar fyr rybudd a chariwyd cadeiriau a meinciau o'r capeli a'r ysgoldai a'r cartrefi cyfagos ar gyfer cynulleidfa fawr. Amcangyfrifid yn y wasg y deuai 4,000 i wrando. John Williams oedd yn llywyddu ac, yn wahanol i'r arfer, cyrhaeddodd ef ac Evan Roberts yn gynnar.

Cymerwyd rhan ar lwybr gweddi gan bobl ieuainc Môn, a nododd un sylwebydd fod canran uchel ohonynt yn weision ffermydd a welwyd yn ffenomen Môn yn anad unlle. Rhoddodd Evan Roberts anerchiad dwys a'r pwyslais ar wahoddiad i Dduw feddiannu'r oedfa. Ond roedd wedi blino'n lân a syrthiodd yn ôl i'w gadair gan beri i ugeiniau o'r gynulleidfa ddolefain â dagrau ar eu gruddiau. Canodd Annie Davies ag angerdd a gwelwyd nifer dda yn ymateb i alwad yr Efengyl. Soniodd Evan Roberts iddo dderbyn telegram y bore hwnnw gan ysgrifennydd yr efengylwyr Torrey ac Alexander o'u canolfan ym Mryste yn ei wahodd i annerch Cynhadledd o Genhadon yn Jerwsalem yn ystod wythnos gyntaf Awst 1905. Atebodd y Diwygiwr: 'Diolch yn fawr am y cynnwys. Nis gallaf ei dderbyn. Bydded i'r tân dwyfol ddisgyn ar y Gynhadledd'.[6]

Roedd Evan Roberts yn hoff o Gemaes, ac yn ôl pob sôn bu'r cyfarfod yn yr awyr agored y tu hwnt i'w ddisgwyliadau yntau, John Williams a phawb o'u cynorthwywyr.

Tro i Gaernarfon

Dydd Sadwrn oedd hi drannoeth, ac roedd Evan Roberts ar daith eto, y tro hwn o Gemaes i Gaernarfon, i gyfarfod â David Lloyd George a oedd yno i fynychu Cynhadledd Addysg. Ym mhob gorsaf o Gemais i Gaernarfon cafodd Evan Roberts ei adnabod. Gydag ef yr oedd John Williams, a'r newyddiadurwr Gwilym Hughes.[7] Ar ôl cyrraedd Caernarfon aethant i Station Hotel. Pan oeddynt ar orffen pwy oedd yn mynd heibio ond y Parchedig D. O'Brien Owen. Curwyd ar y ffenestr a daeth yntau i mewn. Yna cerddasant i Gapel Moriah. Roedd strydoedd Caernarfon yn llawn o bobl a oedd yn awyddus i weld y Diwygiwr ifanc, a bu'n anodd cyrraedd y capel. Ond ar ôl cyrraedd y capel pwy oedd yn ei ddisgwyl ond Elis Jones Griffiths, Aelod Seneddol Môn a'i briod.[8] Tynnodd hithau lun ohono gyda'i chamera. Aeth Evan Roberts i lyfrgell Moriah a chafodd ei swyno gan y lluniau a welodd ar y muriau, megis llun un o arloeswyr pennaf Methodistiaeth yn y dref, Evan Richardson.[9] Yn yr ystafell yr oedd dau o weinidogion yr Hen Gorff, y Parchedigion J. T. Job, Carneddi, a Thomas Jones, Rhostyllen.[10] Ond roedd Evan Roberts yn aflonydd. Aeth o'r llyfrgell i'r ysgoldy, ac agorodd yr harmoniwm a dechrau canu emynau i'w gyfeiliant ei hun. Ar hynny, daeth neges fod David Lloyd George wedi cyrraedd Bronygaer, cartref Maer Caernarfon, a bod cerbyd y Maer y tu allan i gludo'r Diwygiwr a'i osgordd yno.

Roedd y cyfarfod hwn yn un rhyfeddol – prif arwr gwleidyddol y Cymry yn cwrdd â phrif arwr crefyddol y genedl. Cafodd y ddau ymgom ddifyr, a groniclwyd gan Gwilym Hughes ac a agorwyd gan Lloyd George fel a ganlyn:

> 'Yr oeddwn wedi meddwl dod i Gapel Curig i'ch gweld ond methais â threfnu,' meddai.
> 'Mae yn dda gennyf,' meddai Evan Roberts, 'mai fi a gafodd y fraint o ddod i'ch gweled chwi.' Ysgwyd llaw â'i gilydd a'r ddau yn syllu ym myw llygaid ei gilydd. 'Yr ydych wedi gwneud eich ôl ar y Cymry. Yr ydwyf yn gweld eich ôl ym mhobman. Y lle cyntaf y sylwais arno oedd yng Nghaerfyrddin. Yr ydych yn rhoddi gwedd newydd ar Gymru,' meddai Lloyd George. 'Buasai yn dda gennyf ddod i'ch clywed heddiw, ond...' meddai Evan Roberts fel atebiad. 'Ie, onide,' meddai Lloyd George. 'Wel, aroswch chi mae 'nghalon i yn dweud dewch ond... Bu distawrwydd llethol am ennyd. 'Wel,' meddai'r gwleidydd, 'chwifio'r cledd yw fy ngwaith i, ond eich gwaith chwi ydyw adeiladu'r deml.'

Ar hynny, ymadawodd Lloyd George a mynd i'r gynhadledd. Lluniodd R. D. Rowlands (Anthropos) gerdd ynghylch ei gyfarfyddiad ac Evan Roberts o dan y teitl 'Y Ddau Wron':

Y gŵr sy'n cario'r cleddyf
Dros ryddid Cymru fad,
Anwylir gan ein calon
Fel arwr yn ei gad;
Yn nydd y frwydr boethaf
Ymdeithia yn ddi-fraw,
A'i gleddyf llym daufiniog
Yn loew yn ei law.

Y gŵr sy'n adgyweirio
Rhagfuriau Seion Duw,
Yn adeiladu'r Deml
A'i gwneyd yn foliant byw;

Nid rhyfedd fod ei enw
Yn tramwy tir a môr,
A'i waith yn glodforedig
Fel cenad hedd yr Iôr.

Heb unrhyw urdd ddaearol,
Heb rwysg nac uchel dras,
Ymdaflodd yn yr udgorn
Hen udgorn Dwyfol ras –
Ei floedd dihuna'r werin,
Preswylwyr gwlad a thref,
I deithio tua Seion
A theml wen y nef.

Boed bendith ar y gwron
Sydd heddyw'n dwyn y cledd,
A'r gwron ieuanc arall
Sy'n codi teml Hedd,
Daw'r adeg pan y dodir
Y cleddyf yn ei wain
Ond gwaith y Deml erys
A swynol fydd ei sain.[11]

O Fronygaer aeth Evan Roberts, John Williams, D. O'Brien Owen a Gwilym Hughes ar ymweliad â Phafiliwn enwog Caernarfon. Esgynnodd y Diwygiwr i'r llwyfan gan roddi prawf ar ei lais a dweud wrth ei gyfeillion: 'Dyma adeilad a rydd gyfle i chwi gael deuddeg mil o eneidiau yn yr un cyfarfod'. Ymateb D. O'Brien Owen oedd: 'Beth pe baem yn agor drysau yr adeilad, fe lanwai i'r ymylon mewn pum munud'. 'Na, na,' meddai John Williams, 'nid yw eto wedi gorffen ym Môn.' Aeth y parti i ben y Twthil cyn dychwelyd i'r orsaf, a llonnai ysbryd y Diwygiwr wrth syllu ar ramant a gogoniant afon Menai a'r greadigaeth yn ei dillad gorau.

Clodfori Duw yn Llannerch-y-medd

Ar y Sul, Llannerch-y-medd oedd canolbwynt yr ymdrech, tref a elwid yn Athen Môn, a gysylltid â chewri Ymneilltuaeth Gymraeg.[12] Roedd gan Lannerch-y-medd arweinwyr lleyg arbennig iawn fel Thomas Williams (1862–1928), Dinorben House, Cadeirydd Cyngor Sirol Môn, A. McKillop a J. E. Hughes. Agorwyd drysau addoldy'r Methodistiaid Calfinaidd a ddaliai 1,100 o bobl am 8.30 ac o fewn awr roedd dan ei sang. Y Parchedig Robert Thomas, y gweinidog, oedd yn llywyddu, a chymerwyd y rhannau arweiniol gan y Parchedig J. Evans Owen, Llanberis. Yr oedd y cyfarfod yn agored ac ym meddiant y merched ieuainc, a gwnaed sylw fod yna bobl yn bresennol o'r Alban, Lloegr, Iwerddon, Ffrainc ac o bob rhan o Gymru. Ac meddai un o'r rhai ifainc, 'os oeddynt hwy yn methu deall ei gilydd yn siarad, y gallai Duw ddeall pob iaith'.

Ymatebodd dau o'r ymwelwyr: Albanwr o'r enw Dunbar o Glasgow a eisteddai yn yr oriel, a chenhades o Ffrainc a weddïai'n ddwyieithog, a rhannau o'i weddi yn Saesneg a'r gweddill yn Gymraeg. Cyfeiriai hithau at y diwrnod fel diwrnod cofio'r Pentecost Mawr ac erfyniai am dywalltiad cyffelyb o'r Ysbryd Glân. Am 10 o'r gloch yn union cyrhaeddodd Evan Roberts a'i chwaer ac Annie Davies mewn cerbyd o'r Wylfa, a rhoddodd Robert Thomas emyn Thomas William, 'Y Gŵr wrth Ffynnon Jacob' allan.[13]

Cyflwynodd y Diwygiwr araith eneiniedig ar yr angen i symud yr holl rwystrau ar ffordd yr Ysbryd. Rhaid maddau, meddai. Gwastraff amser ydoedd i'w wrandawyr ddod i oedfa os gwrthodent faddau i eraill. Ar derfyn yr anerchiad gwahoddodd bawb i nesáu at y Gwaredwr drwy ganu a gweddïo emyn John Hughes, Pontrobert, 'O anfon di yr Ysbryd Glân'.[14]

Roedd llawer o'r gynulleidfa o dan deimlad, ac ychwanegwyd at ansawdd yr oedfa trwy weddi gŵr ifanc o Fryn-du a chyfraniad Annie Davies yn canu 'Mi glywaf dyner lais' yn gyfareddol. Ymunodd Evan Roberts a'r gynulleidfa yn y gytgan 'Arglwydd, dyma fi'. Roedd wedi datblygu'n oedfa gynhyrfus, a chyfran dda o'r gynulleidfa'n porthi gydag 'Amen' a 'Diolch iddo'. Profwyd y cyfarfod gan Evan Roberts a alwodd: 'A oes yna rywrai yn y dorf fawr yma yn dymuno rhoi ei hun i'r Gwaredwr?' Dim ond un a ildiodd. Trodd Evan Roberts i annerch eto ar adnod o Efengyl Ioan, 'Myfi yw'r ffordd, y Gwirionedd a'r Bywyd'. Profodd y cyfarfod yr eildro ond y tro yma ni ddaeth neb o'r newydd.

Roedd Cyfarfod yr Hwyr i gychwyn am 4.30 a chymerwyd y rhannau arweiniol gan Mr Dunbar, cenhadwr ymysg y morwyr yn Glasgow. Cyrhaeddodd Evan Roberts, ei chwaer ac Annie Davies erbyn 6 o'r gloch. Roedd y capel dan ei sang a hynny er bod dwy oedfa arall i'w cynnal yr un pryd, y naill yn y Neuadd Newydd lle bu'r Parchedig J. Evans Owens yn pregethu'n rymus a'r llall yng nghapel y Bedyddwyr dan ofal y Parchedig David Hopkin, y gweinidog. Teimlodd Evan Roberts ryddhad mawr pan welodd frawd ifanc yn ymateb mewn perlewyg. Aeth ato ac agor botwm ei grys gan fod hwnnw bellach yn swp yn y sedd. Daeth yn ôl i'r pulpud dan wenu a chyfarch y gynulleidfa: 'Gwyn fyd na fyddai pawb yn y cyfarfod yma yn plygu fel y gŵr ifanc hwn'. Roedd yn amlwg i'r Diwygiwr synhwyro fod yna gryn dipyn o wrthwynebiad i effeithiau'r Efengyl yn oedfaon bore a hwyr Llannerch-y-medd hyd nes i'r brawd hwn ildio'n gyfan gwbl. Ofnai i'r bobl ddod ynghyd o ran chwilfrydedd ac er mwyn morio canu – y meidrol yn ceisio dylanwadu a chaethiwo'r Anfeidrol. Yn ei athroniaeth ef, nid pobl feidrol oedd yn gyfrifol am wres a thanbeidrwydd yr Efengyl. Torrwyd ar draws yr anerchiad goleuedig gan Gymry a Saeson yn adrodd adnodau a chyffesiadau. Nid oedd hyn yn poeni Evan Roberts o gwbl; yn wir, croesawai ymyriadau o'r fath ym mhob cyfarfod. Roedd hi'n 8 o'r gloch erbyn hyn a chododd Evan Roberts eto ar ei draed gan ddiolch fod calonnau caled wedi meddalu. Mynegodd y dyrfa ei brwdfrydedd drwy chwifio ei cadachau mewn llesmair. Cannoedd ar gannoedd ohonynt yn hwyl y Diwygiad.

Tyrfaoedd yn dylifio i Athen Cymru

Roedd hyn yn argoeli'n dda ar gyfer y diwrnod wedyn yn Llannerch-y-medd. Ac ar fore Llun, 12 Mehefin, gwelwyd pobl yn dylifo o bob rhan o Ynys Môn, a channoedd ar gannoedd o Sir Gaernarfon a Sir Ddinbych. Darparwyd tocynnau ar gyfer cyfarfod Llannerch-y-medd, ond cipiwyd y rhan fwyaf ohonynt gan bobl leol. Nid oedd un tocyn ar ôl i'r ymwelwyr a ddaethai yn y gwres mawr i gael gweld a chlywed y Diwygiwr. Perswadiwyd llawer o'r rheini a feddai ar docynnau i'w gwerthu am hanner coron yr un. Ond o fewn awr roedd rhai trachwantus yn eu gwerthu am bump a saith swllt yr un neu bunt am ddau docyn. Pan glywodd Evan Roberts fod y tocynnau'n cael eu gwerthu am grocbris, rhoddodd derfyn ar y bobl farus trwy orchymyn cynnal yr oedfa yn yr awyr agored. Roedd nifer yn cytuno â'r penderfyniad hwn. Dyma farn y llenor a alwai ei hun yn 'Weinidog Pentre Gwyn' yn *Yr Herald Gymraeg* drannoeth yr oedfa:

> 'Hollol afresymol ydyw gwasgu y tyrfaoedd i addoldai tynion a mwll, pan y mae mwynder yr haf yn caniatáu i bawb gydgyfarfod ar y maes, neu ar lan y môr.[15]

Erbyn i Evan Roberts gyrraedd y maes am 6 o'r gloch roedd yna gynulleidfa fawr. Lletyai'r Diwygiwr erbyn hyn yn Llannerch-y-medd gyda'r Parchedig Richard Thomas, a'r bore hwnnw buasai allan yn y wlad yn myfyrio.[16] Gwyddom nad oedd y Diwygiwr yn hoff o gyfarfodydd awyr agored. Ni chawsai brofiad ohonynt cyn cyrraedd Ynys Môn ond y rheswm pennaf oedd ei bod hi'n amhosibl cadw sylw'r miloedd gyda'r difrifoldeb a'i nodweddai. Ac roedd hi'n straen mewn oes heb ficroffon gyrraedd cyrion y dyrfa.

Cafwyd perlau gan aelodau o'r dyrfa. Dyma ymateb un o'r gweision ffermydd: 'O! Arglwydd, mae rhai personau yng ngodre y dyrfa, ond diolch i Ti nas gallant symud o gyrraedd dy law'. Deisyfai gwraig tŷ dros y meddwon: 'Y mae yma lawer a fu yn gaethion i'r ddiod. Rho iddynt heno ddiferyn o dy ras'. Ac meddai Cymro o Fôn a drigai yn Llundain, gan gyfeirio at y rhai a gafodd eu hargyhoeddi yn Niwygiad 1859: 'O! Arglwydd, todda galonnau rhai o'r hen fifty niners,' gan gyfeirio, wrth reswm, at y rhai a gafodd eu hargyhoeddi yn Niwygiad 1859. Gobeithiai un o arweinyddion gweision ffermydd Ynys Môn am ryddid y drigfan nefol: 'Ond fe fydd yno ddigon o le, ac ni fydd yno yr un plisman chwaith. Ond gall y plismyn ddod hefyd a gadael eu hen wisg ar ôl'.

Cododd Evan Roberts a rhoddi anerchiad tanllyd, ar bwnc pwysigrwydd y genhadaeth gartref ac oddi cartref. A chyfaddefodd: 'Mae arnaf ofn fy mod wedi camgymeryd trwy ddod i Sir Fôn. Yr ydych yn aelodau eglwysi braidd i gyd, a hwyrach y gallwn wneud gwell gwaith yn Sir Forgannwg ym mhlith y miloedd sydd heb fod yn aelodau o'n capeli. Gweddïwch drostynt.'

Daeth nifer o ddychweledigion ac, yn eu plith, un a oedd yn fud. Bu gorfoledd mawr, a dedfryd Evan Roberts oedd hyn: 'Bydd ei dafod yn ddigon rhydd i ogoneddu'r Ceidwad yn y nef'. Canwyd yr *Hen Ganfed* i gloi'r Llungwyn: 'Y Llungwyn gwynnaf a welodd Môn erioed' yn ôl un gweinidog craff. Cerddodd cannoedd o'r dorf ar hyd strydoedd Llannerch-y-medd am awr dda yn canu emynau ar derfyn diwrnod cofiadwy.[17]

Cyfarfod yn Llanddeusant

Ddydd Mawrth, 13 Mehefin, ni welwyd erioed tyrfa mor niferus yn cyrchu am Elim, Llanddeusant. Roedd hi'n ddiwrnod bendigedig o haf, a chanu gorfoleddus pererinion y Diwygiad i'w glywed yn yr awyr agored.[18] Ond ar ôl gorfoleddu am awr a mwy duodd yr wybren uwchben Llanddeusant, a chlywyd taranau a gwelwyd mellt a'r dorf fawr yn rhedeg am gysgod i gapel Elim. Cafwyd gweddi ddwys ar ôl cyrraedd diddosrwydd y capel: 'Dysg ni, O Arglwydd, i ruthro gyda'r un eiddgarwch oddi wrth y storm sydd yn disgwyl yr annuwiol.' Er nad oedd lle i bawb, bu canu y tu mewn a'r tu allan i Elim y diwrnod hwnnw.

Ildiodd y glaw cyn i Evan Roberts a John Williams gyrraedd buarth fferm gyfagos am gyfarfod byr o hanner awr cyn mynd i'r cae a neilltuwyd ar gyfer y cyfarfod nesaf. Plant y Diwygiad oedd yn cymryd rhan, ac emynau'r Diwygiad oedd yng ngenau'r dorf.

Anerchodd Evan Roberts y bobl yn fyr ac i bwrpas ar ei Waredwr. Gofynnodd lu o gwestiynau a dymunai wybod pam na fyddai'r gynulleidfa yn Ei anwesu yn lle gadael i'w calonnau galedu. Syfrdanwyd ei wrandawyr gan ei ddadansoddiad miniog o'u cyflwr fel crefyddwyr. Pwysleisiodd yn ddi-flewyn-ar-dafod yr angen am ufudd-dod llwyr a llawn. Croesawyd ei gwestiynau treiddgar a'r hyn a glywyd uwchlaw pob dim oedd 'Amen'. Dedfryd Evan Roberts yn syml am gyfarfod gwledig Llanddeusant oedd: 'Yr wyf wedi gweled mwy o Dduw yn y cyfarfod hwn nag yn yr un cyfarfod eto ym Môn'. Ategwyd hynny gan John Williams a ychwanegodd mai hwn oedd un o'r cyfarfodydd mwyaf bendithiol i'w gynnal eto yn Lerpwl a Môn. Yr oedd angen plygu llawer, meddai, ac nid yn unig y tu allan i'r Eglwys Gristnogol. Dyna oedd barn y Parchedig Ddr Thomas Charles Williams: 'Teimlwyd y Diwygiad yn y lle yr oedd mwyaf o'i angen sef yr Eglwys'.[19]

Cofnododd y *Manchester Guardian* eiriau o bregeth o'i eiddo ym Mhorthmadog.

> *Wales had never been poor in Church members, but the vast majority were irresponsible. Their names were on the Church books and that was all. Week-night services never saw them. Now that this revival was waking them to their responsibility let them not forget the faithful ones who held the lamp in the darkness of the past.*[20]

Nid rhyfedd fod gan Evan Roberts feddwl uchel iawn o awdur y geiriau a ddyfynnwyd. Lluniodd y pennill hwn adeg ei arhosiad ym Môn a'i anfon mewn llythyr at Thomas Charles Williams:

Dy lais – dy law – a'th wên
Cynhyrfa'r ieuanc – nertha'r hen;
Yn mlaen fy mrawd! ymlaen o hyd –
I chwynu'r Eglwys – garddu'r byd:
Yn mlaen! a'r rhwystrau ochneidio dan dy draed,
A thithau'n gogoneddus yn a thrwy 'y gwaed'.

Cenhadu yn Llanfachreth

Ddydd Mercher, ymwelodd Evan Roberts â Llanfachreth lle yr oedd disgwyl mawr amdano. Daethai ymwelwyr o bob rhan o Fôn, gan gynnwys Caergybi, Bodedern a Bryngwran. Roedd un o deuluoedd Llanfachreth a oedd yn meddu ar bulpud John Elias wedi trefnu iddo fod yn yr awyr agored er mwyn i Evan Roberts draethu ei neges ohono. Roedd y dyrfa'n canu'n braf, 'Farchog Iesu', pan ataliodd Evan Roberts hwy a dweud:

> Cyn i chwi ganu, cofiwch hyn, y mae cystadleuaeth i fod heno, cystadleuaeth rhwng greddf a chyfraith. Clywch, mae'r adar fel yn deall. Mor anwyl eu cerddoriaeth. Ynddynt hwy cewch reddf a chyfraith. A ydym ni i wneud anghydgord? A yw yr adar i gael gwawdio ein ffydd heno? Mae'r adar yn canu bob un drosto ei hun. Felly, rhaid i'n haddoliad ninnau esgyn nid yn un crynswth ond o bob calon yn unigol. Bydded i bob calon gael ei hagor fel ag i dderbyn bendith a chan syllu ar Iesu, fe gawn ein tynu ato. Cyfraith a bywyd, gyfeillion.

O fewn munudau ar ôl iddo eistedd roedd Evan Roberts ar ei draed drachefn i gondemnio'n ddidrugaredd y pechod o ragrithio. Yna, aeth yn ei flaen i sôn am bechodau eraill: 'Beth yw anonestrwydd? Croeshoelio Crist. Beth yw cenfigen? Croeshoelio Crist. Beth yw meddwdod? Croeshoelio Crist'. Yna aeth rhagddo'n hwyliog i annog y gwrandawyr i ddarllen y Beibl yn gyson, gan newid awyrgylch y cyfarfod. Cafwyd amser bendigedig. Dyblwyd a threblwyd y gân 'Ar ei ben bo'r goron' a 'Pen Calfaria'. Cafwyd datganiad ar gân gan Annie Davies a Mary Roberts yn dehongli'n wefreiddiol bennod 55 o Lyfr Eseia, 'O dewch i'r dyfroedd bob un y mae syched arno'. Ildiodd nifer o'r dorf yn y profi gan gynnwys un o feddygon mwyaf adnabyddus Ynys Môn, a chafwyd llawenydd mawr a haleliwia oblegid hynny.

Gorfoleddu yng Ngwalchmai

Roedd y cyfarfod ar ddydd Iau, 15 Mehefin, ym mhentref Gwalchmai. Roedd y tywydd yn dal yn sych ac roedd y cyfarfod i'w gynnal ar gae Pendref, hen faes sasiynau enwog Gwalchmai. Yr oedd yr aelwyd yn gynnes gan fod y cyfarfod yn nwylo un o blant y fro, y Parchedig Thomas Williams. Dywedodd wrth y dyrfa fawr a ddaethai o Lanfachreth, Bodedern, Bryngwran a Gwalchmai:

> Draw yn y fan acw yr oedd Dr Lewis Edwards yn pregethu, yn y fan hyn yr oedd Edward Morgan, y Dyffryn, yn mynnu pregethu o flaen John Jones, Talysarn, ar y geiriau 'Yr Arglwydd a gyfododd yn wir ac a ymddangosodd i Seimon.[21]

Pur dawel oedd Evan Roberts am ychydig. Aeth y gwres i lawr, a'r canu'n ddifywyd, a hynny er iddo arwain yr emyn 'Ymgrymed pawb i lawr', ond fe gododd y gwres drachefn pan ddywedodd Thomas Williams: 'Rydw i'n teimlo yn siŵr fod fy Mhrynwr yn fyw. Ydi o'n fyw, bobl?' 'Ydy,' bloeddiodd y dorf deirgwaith. 'Fuo fo farw?' gofynnodd Thomas Williams, a'i lais cyfoethog yn cario'n hawdd i ben pella'r dyrfa. 'Do!' oedd yr ateb brwd. 'P'le mae o heddiw?' gwaeddodd Thomas Williams. 'Yn y nefoedd!' bloeddiodd y dorf yn uwch na'r llais godidocaf a feddai'r pulpud Cymraeg y cyfnod hwnnw. 'Diolch, diolch iddo. Oes yma rywun am ei roi ei hun iddo? O! rwyf fi am dreio gwneud o'r newydd eto; er imi fod yn ei bregethu am flynyddoedd, yn annheilwng ddigon, yr wyf yn teimlo fel rhoddi fy hunan iddo eto. Mae arna i awydd taeru yn erbyn uffern fod yr Iesu yn fyw. Diolch iddo.'[22]

Newidiodd yr awyrgylch o ganlyniad i eiriau grymus Thomas

Williams. Chwarddai Evan Roberts mewn llawenydd. Torrodd y gynulleidfa i ganu 'Ar ei ben bo'r goron' a dechreuodd cyfaill i'r Diwygiad mawr, Sidney Evans, ganu 'Caru gelyn heb ei haeddiant' nes bod pawb yn uno ag ef. Ar ganol y gorfoleddu cododd Thomas Williams i brofi'r cyfarfod drwy alw enwau rhai o breswylwyr Gwalchmai. 'O Walchmai y mae'n nhw'n dyfod i gyd,' meddai'r gweinidog, 'ond y mae Gwalchmai yn rhy fach iddo Ef.'[23] Aeth y profi ymlaen ac ildiodd o leiaf ddeugain. Ond roedd Evan Roberts yn anfodlon. Crynai fel deilen o flaen y dorf a gynyddasai i oddeutu tair mil a hanner rhwng 4 a 6 o'r gloch trwy bresenoldeb y rhai a ddaeth o farchnad Llangefni yn eu cerbydau. Ond pan welodd fod yna ymateb digon teg o ran nifer y dychweledigion, bodlonodd ar Gyfarfod Gwalchmai.

Ar y terfyn aeth i Bencraig i edrych am Mrs Mary Williams, mam Thomas Williams a gweddw Peter Williams, y porthmon moch ac edmygydd y Parchedig Edward Matthews, Ewenni. Canodd Evan Roberts wrth ymadael *'What a friend we have in Jesus'* i'r hen wraig ac meddai wrthi, 'Y mae gennych wlad braf yma ym Môn ond gwelaf hefyd fod yma feddau. Nid dinas barhaus i neb ohonom, Mrs Williams'.[24]

Tyrfa gref yn Bryn-du

Drannoeth, disgwylid Evan Roberts ym Mryn-du, milltir o orsaf Tŷ Croes, a chafwyd cyfarfod mwy niferus nag yng Ngwalchmai. Amcangyfrifid fod 5,000 wedi dod i Fryn-du ac yn eu plith bedwar gweinidog Protestannaidd o'r Almaen.[25] Daethai sawl un o'i gefnogwyr yno i'w gynorthwyo: Sidney Evans; Sam Jenkins; Annie Davies; Mary Roberts; May John; W. Llewelyn Lloyd;[26] y Parchedigion John Williams, Caergybi; Thomas Williams, Gwalchmai; David Rees, Capel Mawr a Hermon (A) a J. H. Williams, Moreia, Llangefni.

Bu cyfarfod am ddwy awr cyn i Evan Roberts gyrraedd. Roedd y mwyafrif o'r gynulleidfa yn bobl capel ac eglwys a chanwyd un emyn ar ôl y llall gydag arddeliad ac amryw o unawdau gan Sam Jenkins nes codi'r dorf i orfoledd. Cafodd hwyl arbennig ar y geiriau cyfarwydd:

> Dan y Groes mae ennill brwydrau
> A gorchfygu temtasiynau.
> Achos Crist yw'r achos gorau
> Ar hyd ein hoes.

Daeth Evan Roberts i'r llwyfan pan oedd y dorf yn canu'r geiriau. Ni roddodd anerchiad ond aeth ati i brofi'r cyfarfod, a chafwyd y rhwyd yn llawn o ddychweledigion.[27] Trodd y Diwygiwr at ran o'r gynulleidfa a dweud: 'Y mae draw yna enaid o dan gwmwl, ond y mae Ysbryd Duw yn symud y cwmwl'. Cododd un o'r bobl ei ddwylo i fyny. 'Diolch am y gwroldeb,' meddai Evan Roberts, a thorrodd y gynulleidfa i foli ar gân. Dyma lais May John yn canu 'Maddeuant, Maddeuant' a Sam Jenkins yn dilyn gyda'r gân, o waith Llynfi Davies, 'Hen Rebel fel Fi'. Saith pennill oedd i'r gân (gweler Atodiad I) a phob un ohonynt yn cyffwrdd â theimladau dwysaf cynulleidfa fawr.

Roedd Evan Roberts yn gwrthod ildio gan ei fod yn credu y dylai fod yna well ymateb yn ardal Bryn-du: 'Y mae yma Gymry eto yn rhywle yn y dorf yn barod i fwrw yr arfau i lawr. Nid oes neb wedi gofyn iddo wneud hyny, wnaiff ef roi ei law i fyny'. Nid cynt yr oedd ef wedi cwblhau yr apêl nag y gwelwyd llaw yn codi ar gyrion pellaf y dorf. Anweswyd y person gan y rhai o'i amgylch fel pe bai wedi ennill cwpan mewn eisteddfod neu sioe. Clywyd banllefau'r Haleliwia o enau cannoedd a llawer o rai eraill yn wylo mewn llawenydd. Yr oedd oedfa Bryn-du wedi dod i ben ar nodyn buddugoliaethus.

Diwrnod yng nghwmni teulu Lloyd George

Ddydd Sadwrn, 17 Mehefin, yr oedd David Lloyd George wedi gwahodd Evan Roberts a John Williams i ddod drosodd o Fôn am y diwrnod i Eifionydd. Ond nid oedd y werin bobl yn barod iddo gael munud o seibiant, a daeth llu o bobl yn yr un trên â hwy o gyfeiriad trefi Caernarfon a Phwllheli a chyrraedd Cricieth am 11 o'r gloch y bore. Roedd trên arall i gyrraedd o gyfeiriad Bermo, ond bu problem rhwng Harlech a Phenrhyndeudraeth, ac felly roedd yn hwyr o hanner awr. Ond roedd Cricieth yn ferw.

Ar ôl cyrraedd Garthcelyn cafwyd sgwrs braf am ryw awr, a gwelodd y teulu ychydig o hiwmor y Diwygiwr. Dywedodd wrth Lloyd George am weddïwr yn bryderus am gyflwr ei ffrindiau, ac ar ôl enwi nifer ohonynt, dyma fe'n ychwanegu: 'O Arglwydd, cofia am y *blooming lot'*.[28]

Yng Ngarthcelyn yr oedd y patriarch Richard Lloyd; y ddau frawd David a William George; Mrs Mary Ellen Davies, priod Capten Philip Davies; ei chwaer; y Parchedigion W. B. Marks (A); John Owen (MC) a William Williams.[29] Wrth y bwrdd cinio dywedodd Evan Roberts mai'r ddwy linell hyn o waith y Pêr Ganiedydd a'i cynorthwyai o ddydd i ddydd:

> Mi ro'r cwbl
> am gwmpeini pur fy Nuw.[30]

Erbyn 2 o'r gloch yr oedd miloedd wedi cyrraedd ar y trenau ac ar eu deudroed ac yn siomedig ryfeddol fod Evan Roberts o'u golwg. Anfonwyd dirprwyaeth o Gyngor Eglwysi Rhyddion lleol i bledio arno i gynnal gwasanaeth byr a pheidio â siomi'r dyrfa. Ond gwrthod a wnaeth, a hynny am ei fod yn benderfynol o gael golwg ar fan geni'r pregethwr o Fôn, John Elias:

> Y dydd o'r blaen yr oeddwn yn sefyll ym mhulpud John Elias. Yna bûm [yn] eistedd yn ei gadair. Heddiw yr wyf am fynd i'r man y ganwyd ef, ac yfory byddaf yn cadw gwasanaeth yn ei gapel coffa.

Ymadawodd Evan Roberts â Garthcelyn mewn cerbyd agored am 2 o'r gloch, ar ôl ysgwyd llaw gŵr a ddaethai'r holl ffordd o Bensylfania yn yr Unol Daleithiau i'w weld ac a safai y tu allan i'r drws. Yn y cerbyd gydag ef roedd John Williams, Lloyd George, William George, Mrs Philip Davies a Richard Lloyd George.

Disgwylid Evan Roberts ym mhob pentref. Taflwyd torch o rosynnau hardd ato yn y Ffôr gan hen wreigan.[31] Ar ôl gweld Brynllwyn neu Cyllwyn Bach, Aber-erch, cawsant de yng nghartref D. R. Daniel yn y Ffôr.[32] Gwahoddwyd y Diwygiwr i sgrifennu yn llyfr llofnodion y teulu, a dyma a gafwyd: 'Os myni berarogli wrth farw, boed iti berarogli wrth fyw. E. Roberts'.

Daliodd y trên yn Chwilog yn ôl i Fôn, a chafwyd hwyl diniwed yn ystod y daith yn breuddwydio gwneud Evan Roberts yn Archesgob Caergaint, Lloyd George yn Brif Weinidog, John Williams yn Archesgob Efrog a William George yn Atwrnai Cyffredinol. Dim ond un o'r breuddwydion a wireddwyd, fel y gwyddys. Yn wir, yr oedd y fath freuddwyd yn anathema i Evan Roberts ac yn bell y tu hwnt i'w alluoedd gweinyddol.

Sul yn Llangefni

Ar y Sul yr oedd y Genhadaeth â'i chanolbwynt yn Llangefni a'r oedfa foreol yng nghapel Moriah. Roedd hi'n ddiwrnod gwlyb ond tyrrai'r bobl er hynny. Agorwyd y drysau am 8.30 ac yr oedd yn rhaid dangos tocyn cyn cael mynediad. Dechreuwyd y cyfarfod gan W. Jenkyn Jones, gŵr o Gei-newydd ond cenhadwr yn Llydaw er 1882.[33]

Ond y gŵr a daniai'r gynulleidfa fawr oedd y William Hughes, Cae Star. Dywedodd yntau galon y gwir pan honnodd eu bod yn disgwyl gormod o du'r Gwas, Evan Roberts: 'Diolch amdano, ond rhaid cofio fod un mwy nag ef yno'.[34]

Ni chyrhaeddodd Evan Roberts o'i lety yng Ngwalchmai tan 10.30. Gydag ef yr oedd Sam Jenkins, Mary Roberts ac Annie Davies. Cyrhaeddodd pan oedd y Parchedig J. H. Williams ar ei weddi.[35] Cododd ar ei draed a gofynnodd un cwestiwn ar ôl y llall: A oeddynt wedi gwahodd yr Ysbryd Glân i'r oedfa? Beth oeddynt am ei wneud ag ef? Aeth ymlaen fel hyn am ddeng munud nes bod y Parchedig John Williams yn medru datgan: 'Dyma wasanaeth y bydd cannoedd ohonom yn cofio amdano i dragwyddoldeb'. Cafwyd cynhaeaf da, pump ar hugain o ddychweledigion. Canwyd am yr eildro emyn Pantycelyn, 'Ymgrymed pawb i lawr i enw'r addfwyn Oen'[36] a chafwyd gweddi drawiadol arall gan Hugh Hughes. Yna canodd Annie Davies 'Dyma gariad' nes bod nifer dda o'r gynulleidfa'n wylo'n hidl, a chafwyd datganiad gan Madame Megan Jones Davies, 'Mi deithiaf tua'r hyfryd wlad'. Yr oedd Evan Roberts mewn cyfyngder enaid erbyn hyn. Roedd golwg lesmeiriol arno, crynai fel brwynen a hawdd canfod ei fod wedi ei gyffwrdd. Daeth wyth o'r newydd i dderbyn Crist yn Waredwr, a therfynwyd trwy adrodd Gweddi'r Arglwydd yn Gymraeg ac yn Saesneg.

Yn y prynhawn yr oedd Cyfarfodydd Gweddi yng nghapeli'r Annibynwyr a'r Bedyddwyr, Moreia a Lôn y Felin ac yn Neuadd y Dref. Agorwyd drws Moreia am 4.30 ac erbyn i William Hughes ddechrau'r cyfarfod yr oedd y capel helaeth sy'n dal 1,000 o bobl dan ei sang. Gofynnwyd i W. Llewelyn Lloyd gymryd gofal o gyfarfod ychwanegol yn Neuadd y Dref, ond ni fyddai Evan Roberts yn galw yno.

Gadawyd cyfarfod Moreia yn agored ac nid oedd prinder cyfranwyr. Canodd Mrs Price, Llangefni, 'Mi glywaf dyner lais' yn gyfareddol. Clywid o hyd ac o hyd am 'Gofio'r Gwaed', arwyddair a roddasai Evan Roberts i'r ddirprwyaeth a'i gwahoddodd i Fôn yn Nant-y-moel. Erbyn 6 o'r gloch cyraeddasai Evan Roberts, Sidney Evans a Sam Jenkins, ac roedd llawer o'r gynulleidfa yn eu dagrau. Cyffyrddwyd â chalonnau'r hen a'r ifanc ac wylent fel ei gilydd.

Ar ôl cyrraedd capel hardd Moreia bu Evan Roberts yn cuddio yn y pulpud am ysbaid. Diolchodd gwraig ifanc o Aberffraw am gael gweld *'spring tide'* crefydd Crist yn golchi ein gwlad heb sôn am longddrylliad o gwbl. Yna, cafwyd unawd gan ferch o Iwerddon a'r Saeson a'r Gwyddelod oedd yn yr oedfa yn ymuno yn y gytgan. Am 6.45 cododd Evan Roberts i annerch gan geryddu'r gynulleidfa yn ei ddagrau. Yr oedd Duw, meddai, yn cyflwyno'i fendithion a'r bobl yn amharod i'w derbyn. Rhaid oedd anwesu'r geiriau bach syml; 'Roedd yr Efengyl yn syml. Mae calon agored yn dweud y stori yn syml. Byddwch lawen i ofyn am y bendithion syml'. Pwysai arnynt i fod yn ddisgyblion ufudd i Grist.

Am rai munudau ar ôl iddo gloi ei anerchiad bu'r gynulleidfa'n fud. Ond, yn sydyn, fe dorrodd yr argae a gwelwyd pobl yr Arglwydd yn moliannu yn ddilyffethair ar draws ei gilydd. Yna cododd Sam Jenkins, y canwr o Lanelli, a rhoddodd ddatganiad o'r gân, 'A glywaist ti sôn am Iachawdwr y Byd'. Canu'r llinellau hyn oedd uchafbwynt yr oedfa:

> Maddeuant, maddeuant, mae'n golchi yn rhad,
> Mae'n golchi fel eira y dua'n y wlad,
> Tyrd ato bechadur, tyrd ato yn awr.'

Oedfa oedd hon a welodd yr hen a'r ifanc yn moli, yn clodfori ac yn gogoneddu'n frwdfrydig. Eisteddodd Evan Roberts am awr a mwy yn y pulpud heb symud, ond roedd yn teimlo i fyw llygaid aelodau'r gynulleidfa. Profwyd y cyfarfod gan y Parchedig J. H. Williams. Roedd amryw yn ildio i brofiad yr aileni, ac yn eu plith hen wreigan 89 oed. Llewygodd merch ifanc yn ymyl y Sêt Fawr, a dyma'r bobl ar eu traed i weld beth oedd ar gerdded. Ceryddodd Evan Roberts y dorf ar ei union:

> Dyma brawf gan Dduw ar y gynulleidfa ac yr ydych yn methu ei ddal. Nid oedd angen i chwi hidio beth oedd yn digwydd yma yn y capel, gwneud eich gwaith oedd eich dyletswydd chwi, a gadael i ddigwyddiadau fel hyn fod o dan ofal y Meddyg Mawr. Ond yr oedd y gelyn wrthi yn brysur yn tynu ein sylw oddi wrth eich dyletswydd, trwy bob moddion ag y medr.

Profwyd drachefn. Amryw yn ildio y tro hwn. Yna cododd gŵr o Sais o ddinas Durham ar ei draed. Nid oedd yn aelod mewn capel nac eglwys. Teithiasai yr holl ffordd i Fôn i chwilio am 'deimlad crefyddol' ond yr oedd heb ei gael. Erfyniodd Evan Roberts arno yn Saesneg i dderbyn Crist yn Waredwr iddo'r noson honno, gan ei atgoffa nad oedd yna sôn am 'deimlo' yn y Beibl – y gair mawr oedd 'credu'. Gwyn fyd na fyddai'r aelodau, meddai, yn credu mwy, yn lle bod y miloedd ar ddarfod amdanynt wedi cael eu gadael i dragwyddoldeb yn amharod. Roedd cyfle yn awr. Nid oedd werth yn y byd iddynt ganu a chrefu am faddeuant ac achubiaeth a gwrthod i'r person agosaf atynt ystyried cyflwyno'i hun, heb ddal dim yn ôl, i ofal Iesu Grist. Profwyd y cyfarfod am y drydedd waith, a gwelwyd rhai yn ildio, eraill yn ystyfnig wrthod. Cafwyd fel clo i'r cyfan apêl gan Sidney Evans, gŵr o Gorseinon, a myfyriwr 22 oed yn ysgol baratoal Castellnewydd Emlyn.[37] Dilynwyd ef gan unawd gwefreiddiol o enau Sam Jenkins ar y Ddafad Golledig. Cododd Evan Roberts drachefn. Cawsant oedfa dda, ond er cystal ydoedd, buasai'n well pe bai pawb wedi llwyr ufuddhau i alwadau'r Gwaredwr. Mi ddaethai'r bendithion a hynny oherwydd anufudd-dod y gwrandawyr. Heriodd y Diwygiwr hwy drwy ofyn: 'A oes yma rywun yn ddigon gwrol i ddweud ei fod ef wedi anufuddhau heno?' Profwyd yr oedfa unwaith yn rhagor ac ildiodd ambell un arall, ond nid oedd nifer y dychweledigion yn fwy na 18.

Pentecost arall yn Llangefni

Ond roedd diwrnod arall i fod yn Llangefni. Daeth tua 5,000 o bobl ynghyd yn yr awyr agored ar Gae Dinas, ac ar wahân i geryddu rhai gwamal ar gyrion y dorf nad oedd yn ymddwyn yn weddaidd, ni chafwyd anerchiad gan Evan Roberts. Arhosodd yntau mewn ystum ostyngedig ger y pulpud am o leiaf 80 munud fel pe bai wedi anghofio pawb a phopeth yn ei gymundeb â'i Dad Nefol. Ar dro gwelid ef mewn llesmair a thro arall mewn dwys fyfyrdod. O'i amgylch yr oedd hi'n Gyfarfod Gweddi enfawr, gyda'r ymbiliadau a'r erfyniadau a'r cyffesu a'r diolch yn ddidwyll ac yn galonrwygol. Yr oedd y Parchedig J. H. Williams yn ei elfen, a'i lais yn cyrraedd y dorf, ac yn eu hatgoffa o'r rhyfel na fu ei debyg, rhyfel rhwng yr Oen a'r bwystfil, rhwng lluoedd cyfrwys uffern a milwyr dewr y Nef. Galwodd arnynt i weddïo o ddifrifwch calon am fuddugoliaeth lwyr, a heb eiliad o rybudd, dyna 1,500 a mwy o'r gynulleidfa yn mynegi eu cred ac yn ymbil am oruchafiaeth y saint dros weithredwyr anwiredd. Ni welasid golygfa debyg i hon ym Môn erioed. Ugeiniau o'r merched o bob oed yn llewygu yn eu brwdfrydedd, eraill yn wylo ac yn ochneidio, a rhai yn gorfoleddu gan lefaru'n huawdl,'Iesu Grist am Byth'.

Cyfarfod cyntaf Caergybi

Treuliai Evan Roberts y rhan fwyaf o'r wythnos yng Nghaergybi, ac felly, ar nos Fawrth, 20 Mehefin, roedd cyfarfod i'w gynnal ar faes yr hen Gymanfaoedd, ac ar dir perthynol i'r Ucheldref. Arhosai Evan Roberts yn Farcer Hill, cartref y Parchedig John Williams, Hyfrydle. Roedd John Williams wedi symud o'i gartref dros dro er mwyn i Evan Roberts gael aros yno. Yn ôl y Parchedig R. R. Hughes, yr oedd Mrs Williams a'r chwiorydd a'i cynorthwyai yn ofni'r Diwygiwr. Pan gyrhaeddodd hwnnw, roedd R. R. Hughes yno i'w groesawu ac roedd y te yn barod. Ond methodd R. R. Hughes â'i berswadio i gymryd un o'r danteithion: 'Y mae'r byd ysbrydol yn agos iawn atom, onid yw?' meddai Evan Roberts. Cytunodd R. R. Hughes ag ef, ond ychwanegodd fod y byd yn bwysicach y funud honno. Ond nid oedd dim yn tycio, na modd yn y byd i'w gael i fwyta. Ac yna meddai R. R. Hughes (neu R. R. H. – *Royal Road to Heaven*):

> Y mae'r chwiorydd sydd yma yn eich ofni oblegid eich bod yn medru darllen calonnau pobl. Ond pe buasai hynny'n wir, ni buasech byth yn fy ngalw i yn *Royal Road to Heaven*.[38]

Ond ni lwyddodd R. R. Hughes i'w berswadio y prynhawn Mawrth hwnnw ym Mans Hyfrydle i brofi na thamaid na llymaid cyn mynd i'r cyfarfod cyntaf yng Nghaergybi.[39]

Roedd hi'n ddiwrnod gwyntog, a 5,000 o bobl wedi dod ynghyd. Daethant, yn ôl y Parchedig R. P. Williams, am fod 'pawb yn cymeryd diddordeb yn Evan Roberts, beth bynnag oedd ei ddiddordeb yn y Diwygiad'. Cyrhaeddodd y Diwygiwr am 6.30 a dringo i'r llwyfan – yn dawel a diymhongar. Bu canu a gweddïo taer cyn iddo annerch y gynulleidfa fawr. A dyma ei frawddeg agoriadol:

> Nid oedd y gwynt cryf a chwythai ar y pryd ddim i fod yn anfantais i'r cyfarfod, fod buddugoliaeth yn sicr, ond iddynt hwy fod mor barod i dderbyn ag oedd y nefoedd i roddi.

Yna bu'r gynulleidfa'n gweddïo. Cododd Evan Roberts eilwaith a dweud yn garedig ei fod yn siomedig fod ugeiniau yn y dyrfa yn amharod i ymateb i Ysbryd Duw. Ystyfnig oeddynt, a byddai'n well o lawer iddynt droi am adref. Gwrthododd ganiatáu i'r dorf ganu rhagor nag un emyn am fod morio'r gân, yng ngeiriau R. P. Williams, gohebydd *Y Tyst*, yn 'lladd y gweddïau'.[40]

Cododd y drydedd waith ac erbyn hyn roedd hi'n glawio'n drwm. Gorchmynnodd i'w wrandawyr '[roi] yr *umrellas* i lawr, a'r calonnau i fyny'.[41] Ymatebodd deg o bobl, a daeth y cyfarfod cyntaf yng Nghaergybi i ben yng nghanol drycin o wynt a glaw. Ond doedd carfan o'r bobl ieuainc ddim am droi tua thref. Dyma'r ieuenctid a lanwodd Hyfrydle, capel helaeth y Presbyteriaid Cymraeg, a chafwyd oedfa weddi am awr a hanner.[42]

Cyfarfod nos Fercher yng Nghaergybi

Nos Fercher, 21 Mehefin, cafwyd cyfarfod mawr arall.[43] Roedd y maes helaeth yng Nghaergybi yn llawn o bobl y Diwygiad, yn ddychweledigion a gwrandawyr. Bu Cyfarfod Gweddi am awr a hanner cyn i Evan Roberts gyrraedd. Aeth dychryn ac ofn trwy'r cyfarfod pan gyhoeddodd y Parchedig John Williams, Hyfrydle, fod un gwrandäwr a fu ar y maes nos Fawrth wedi cyfarfod ag angau mewn modd brawychus o sydyn y prynhawn hwnnw, a bod chwaer grefyddol a fu'n llawenhau ar flaen y Diwygiad nos Fawrth yn nhragwyddoldeb erbyn prynhawn Mercher.[44]

Am 6.30 cyrhaeddodd Evan Roberts, ei chwaer Mary ac Annie Davies. Roedd y Diwygiwr yn anfodlon iawn ar nifer y gweddïau, llond dwrn yn lle'r miloedd. Tybed a oedd yr Ysbryd Glân yn gweithio'n wahanol yng Nghaergybi nos Fercher nag y buasai yn Llangefni nos Lun? Canwyd emyn ac yna profwyd y cyfarfod, a dim ond pedwar a oedd yn barod i gyflwyno'u hunain i Grist o'r newydd. Nid oedd Evan Roberts yn fodlon o gwbl ar hyn a haerodd fod yna lawer mwy o bobl a ddylai ymateb. Gweddïodd ugeiniau ar ôl ei gerydd am i Dduw achub y pechaduriaid bodlon eu byd. Aeth un o'r stiwardiaid lleol i ymbilio ar y gweinidogion a oedd ar y llwyfan am gymorth gan fod y bobl galongaled yn lluosog a beiddgar. Trefnwyd ail brawf a'r tro hwn daethpwyd o hyd i 20 o'r edifeiriol rai.

Roedd hi'n amlwg bod oddeutu mil o bobl yn y gynulleidfa, rhyw un rhan o bump, nad oedd yn deall yr iaith Gymraeg o gwbl. Gwyddelod a Saeson oeddynt yn bennaf ond ceid yn eu plith hefyd bobl o wledydd megis Ffrainc, yr Almaen, a'r Iseldiroedd. Ni ddywedai Evan Roberts ryw lawer yn Saesneg, ambell i gymal lle bynnag y byddai. Ni weddïodd yn y cyfarfod hwn yng Nghaergybi. Y gŵr tanllyd a'r llefarydd huawdl oedd y William Hughes, Bethesda, a bu ef yn annerch ac yn gweddïo droeon. Clywyd ei 'Amen' yn diasbedain dros y maes. Ar ddiwedd oedfa nos Fercher nid oedd yr ifanc yn awyddus o gwbl i fynd i'w cartrefi, ac felly fe ddaliwyd ati gan lenwi dau gapel, Hyfrydle a'r Tabernacl, a chynnal cyfarfodydd gweddi heb gwmni Evan Roberts.

Llwybrau'r Gair a'r Gân

Nos Iau, bu cyfarfod eto yng Nghaergybi. Oedfa siomedig a difywyd, yn ôl tystiolaeth R. P. Williams, er fod y gynulleidfa'n un gref. Yr oedd Mary Roberts o ddifrif ar lwybr gweddi, a chlodd Annie Davies yr oedfa ar lwybr y gân. Roedd Evan Roberts yn dawel a gofidiai fod ei dafod wedi ei lynu gan yr Arglwydd am nad oedd y gynulleidfa'n barod i ufuddhau i ewyllys yr Anfeidrol Dduw. Galwai'n daer ar yr enw Sanctaidd a gofidiai mai tri ar ddeg yn unig a gyflwynodd eu hunain i Grist y noson honno.

Ond trodd yr oedfa'n fwy o fendith pan benderfynodd gweinidogion capeli Ymneilltuol Caergybi annerch a gweddïo ymysg y dyrfa fawr, gan greu awyrgylch mwy addolgar a dymuniad i orfoleddu yn yr Ysbryd. Ymhlith y dorf yr oedd carfan gref o forwyr o long ryfel a oedd wedi glanio ym mhorthladd Caergybi. Roedd yna gannoedd ar gannoedd o Saeson a Gwyddelod ac am nad oeddynt yn deall yr hyn a ddywedid, peryglent drefn a gwedduster yr oedfa drwy gwyno am y defnydd a wneid o'r Gymraeg.

Uchafbwynt crwsâd Caergybi

Nos Wener, daeth y dyrfa fwyaf a welodd tref Caergybi yn ystod y Diwygiad. Ni welwyd dim byd tebyg erioed o'r blaen yng nghof neb o'r gweinidogion. Ond llugoer oedd ymateb y dorf cyn i Evan Roberts godi ar ei draed. Mynegodd ei amheuaeth a ddylai fod yno o gwbl. Bu'n frwydr ysbrydol anodd arno, meddai. Teimlai iddo gael profiad Jacob ym Methel llyfr Genesis, yn ymgodymu â'i Dduw, ond gan iddo dderbyn goruchafiaeth yn y llety fe ddeuai goruchafiaeth ar y Maes. Torrodd allan i weddïo a llwyr orchfygwyd y gynulleidfa, nes bod miloedd ar filoedd o'r Cymry'n gorfoleddu mewn mawl ac ar lwybr gweddi. Cri Evan Roberts oedd, 'Plyg nhw, o Dduw, plyg nhw'.

Yr oedd y Diwygiwr wedi trefnu i'r Parchedig R. R. Hughes eistedd nesaf ato a gweithredu ar ei ran. Pan fyddai am ddweud brawddeg neu ddwy, disgwyliai i R. R. Hughes fynegi hynny wrth y dyrfa. Tua hanner ffordd drwy'r oedfa cafwyd egwyl o ddistawrwydd. Yna, yn ôl R. R. Hughes, dechreuodd dylanwad ysbrydol rhyfeddol feddiannu'r miloedd, tebyg i gae ŷd yn plygu o flaen awel o wynt. A dyma ei dystiolaeth:

> Ni ellid gweled y gwynt, ond gwyddid ei fod yno wrth weld yr ŷd yn plygu o'i flaen. Ac fe ellid gweled effeithiau rhyw ddylanwad anweledig yn cerdded dros y dorf ar faes Ucheldref.[45]

Safai John Moses, Tyddyn Bach, blaenor yng nghapel Ebeneser, Kingsland, er 1867, yng nghanol y dorf. Roedd yn weddïwr mawr a synhwyrodd fod rhywbeth mawr ar ddigwydd. Chwifiodd ei het uwchlaw pennau'r bobl oedd o'i amgylch, a chyda'r huodledd hwnnw a oedd yn nodweddiadol ohono, llefarodd yn uchel fel corn siarad: 'Tyred anadl oddi wrth y pedwar gwynt, ac anadla ar y lladdedigion hyn, fel y byddont fyw'.[46]

Wedi i'r awel nefol fyned dros yr holl dorf, trodd Evan Roberts at R. R. Hughes 'a chydio yn ffyrnig' yn ei fraich, a dweud 'Dyna don, ynte'. Yn ddiweddarach, dywedodd R. P. Williams, Llywydd yr oedfa, a'r un a fu'n profi'r cyfarfod: 'Ni welwyd y fath olygfa erioed yn Môn, ac nid â yn anghof gan neb oedd yn bresennol'.[47]

Ar derfyn yr oedfa fythgofiadwy honno gofynnodd Evan Roberts i R. R. Hughes sut oedd ei wddf ar ôl y straen o lefaru yn yr awyr agored. Yr oedd yn gryg a chyda'i fys gwnaeth Evan Roberts ffigur y Groes arno. 'Bydd yn iawn yn awr,' meddai, ac felly y bu.[48]

Gwelwyd yn yr oedfa hon dri pheth gwahanol:

a) Evan Roberts yn dod am y tro cyntaf yn y Genhadaeth ar ei ben ei hun. Disgwylid Sam Jenkins, ond ni ddaethai ef i'r llwyfan.
b) Difrifoldeb y Diwygiwr ar yr un llaw a chwerthin a llawenydd ar y llall. Ei weddi yn brofiad o ryfeddod i'r dyrfa. Ni chlywyd dim byd tebyg.
c) Y dyrfa wedi ei meddiannu gan lesmair a gorfoledd. Gwelwyd ar y dechrau dipyn o wamalrwydd ac o chwilfrydedd, ond newidiwyd yr awyrgylch yn gyfan gwbl gan weddi Evan Roberts. Gwelwyd hetiau fel het John Moses a chadachau poced yn cael eu chwifio mewn gorfoledd. Terfynwyd mewn gorfoledd, ac yn ôl gohebydd *Y Cymro,* yr oedd yna 10,000 o gynulleidfa.[49]

Cyfarfodydd y Sul (25 Mehefin 1905) ym Mrynsiencyn

Symudodd y crwsâd y penwythnos hwnnw i lan y Fenai a threfnwyd cyfarfodydd y Sul ym Mrynsiencyn. Fore Sul roedd y cae yn llawn o gerbydau meirch, o leiaf 700 ohonynt. Trefnwyd dau gyfarfod ar y Maes. Tywynnai haul Mehefin, ac roedd heddgeidwaid Môn wedi darparu bwcedeidiau o ddŵr oer a gwydrau ar gyfer y dieithriaid.[50] Cyfarfod digon cyffredin a gafwyd ym Mrynsiencyn yn y bore. Roedd hi'n araf a difywyd yno. Yr un thema a gyflwynwyd gan Evan Roberts trwy'r dydd, sef ufudd-dod y credadun a gweithgarwch disgyblion yr Iesu. Dim ond tri a ymatebodd yn oedfa'r bore, ond yn ystod ei anerchiad cyflwynodd y Diwygiwr gymhariaeth dlos i glustiau ei wrandawyr:

> Mae ofn yn rhwystro i lawer weddïo, mae craig yn lli yr afon yn rhwystr, ond y mae yr afon yn troi y rhwystr yn fiwsig, ac y mae dŵr yn wynnach o amgylch y graig.

Roedd cynulliad yr hwyr ym Mrynsiencyn lawer mwy na'r bore, oddeutu pedair mil o gynulleidfa. Dechreuwyd am 5 o'r gloch ond roedd yr awyrgylch yn ddigon cyffredin hyd nes i Evan Roberts a'i chwaer ac Annie Davies gyrraedd. Teimlid fod y canu'n ddilewyrch a'r gweddïo'n llugoer. Eisteddodd Evan Roberts am awr heb yngan gair. Roedd trefniadaeth cyfarfod Brynsiencyn dipyn yn wahanol. Disgwylid i bawb a oedd yn aelodau eglwysig godi eu dwylo a phawb a oedd yn caru Iesu Grist i wneud yr un peth, gyda'r canlyniad bod y rhan helaethaf o'r dorf wedi ymateb. Ond nid oedd Evan Roberts yn fodlon ar y sefyllfa: 'Thâl hi ddim, gyfeillion, y mae rhywbeth o'i le. Os ydym yn caru yr Iesu lle mae'r gwres, paham yr ydym mor oeraidd a ffurfiol yn ein haddoliad?'

Siaradodd yn fywiog am ufudd-dod y disgyblion i'r Gwaredwr ar lwybrau bywyd a llwyddodd i danio'r gynulleidfa. Trodd ugeiniau i weddïo, a chafwyd gorfoledd wrth ganu emyn mawr arall y Diwygiad, 'O! gariad, O! gariad anfeidrol ei faint'. Penillion Morgan Rhys yw'r tri olaf ond cyfansoddwyd y pennill cyntaf gan awdur dienw. Gwelodd olau dydd gyntaf yn argraffiad Lerpwl o'r llyfr emynau *Grawnsypiau Canaan*, 1795.[51] Ymatebodd deg o'r dorf o'r newydd ond gwrthododd amryw.[52] A chlowyd oedfa hwyr Brynsiencyn gyda gweddi ddwys a'r miloedd yn adrodd ar ei ôl, 'Achub y gwrthodwyr, er mwyn Iesu Grist.'

Sasiwn y Golomen yn Llangefni

Y diwrnod wedyn cymerodd Evan Roberts ran am y tro cyntaf erioed mewn Sasiwn, a hynny yn Llangefni. Tyrrai'r bobl yno, a daeth Evan Roberts ei hun i wrando ar y ddau Fonwysyn a'i gefnogwyr pennaf, Thomas Charles Williams yn y prynhawn a John Williams yn yr hwyr. Adwaenid y Sasiwn fel 'Sasiwn y Golomen'. Traddododd Thomas Charles Williams ei bregeth grefftus ar y Tri Chroes ar y maes, ac yn fuan iawn gwelwyd colomen yn hedfan uwchben y gynulleidfa. Tynnodd y golomen sylw pawb, a dyma'r cennad a oedd yn naturiol ac yn llawn arabedd yn dweud yn hamddenol iawn, 'Peidiwch hitio, dydi hi ddim ond colomen wedi dod am dro i'r ŵyl'.[53] Effeithiodd y golomen yn fawr ar y dorf. Yr oedd wedi'r cyfan yn symbol o'r Ysbryd Glân. Wedi iddi hedfan yma ac acw safodd o'r diwedd uwchben Thomas Charles Williams. Daeth yr oedfa anghyffredin i ben mewn sain, cân a moliant.

Erbyn 5.30 yr oedd yna ddisgwyl mawr am y Parchedig John Williams, Princes Road, Lerpwl. Daeth llu o weinidogion y Cyfundeb o dalaith y Gogledd i lwyfan y Sasiwn i gefnogi un o'u harweinwyr. Testun y bregeth oedd 'Y dichon Duw, ie, o'r meini hyn, gyfodi plant i Abraham'. Ar derfyn ei bregeth ardderchog cafwyd sawl gweddi, ac yna cododd Evan Roberts ar ei draed a gwên hudolus ar ei wyneb, gan ddatgan wrth y dorf:

> Ydych chwi yn cofio yr hyn yr oeddym yn gweddïo amdano ar y maes hwn wythnos i heno? Gweddïo am i'r Arglwydd wneud ei weinidogion yn fflam dân onide? Mae wedi ateb ein gweddïau, a pha le mae'r diolch, gyfeillion?

Geiriau o werthfawrogiad o weinidogaeth ei ffrind pennaf yn y gogledd. Wrth iddo siarad, yr oedd ei eiriau'n byrlymu o'i enau a'i chwerthiniad yn canlyn yn naturiol aml i frawddeg. Clywyd ambell werinwr yn torri ar ei draws i weddïo, a Monwysyn yn diolch yn uchel am i Dduw godi yn Evan Roberts, 'Duke of Wellington' y Diwygiad. Profwyd y cyfarfod gan John Williams a gorffennwyd yn orfoleddus yn Llangefni.

Nos Fawrth, 27 Mehefin, yn Biwmares

Yr oedd cyfarfod nos Fawrth yr wythnos honno i'w gynnal yng Nghastell Biwmares, trwy ganiatâd Syr R. H. Williams-Bulkeley, Bart. Dechreuodd llongau a cherbydau gyrraedd yn gynnar yn y prynhawn a cherbydau a channoedd o bobl yn cerdded o bentrefi Môn ac Arfon. Agorwyd pyrth y castell am 4 o'r gloch. Rhoddwyd cyweirnod i'r cyfarfod gan Hugh Roberts, cenhadwr ymhlith Cymry Lerpwl.[54] Teimlid awyrgylch arbennig – roedd y canu'n hwyliog, yr ameniau yn gynnes, ac yna esgynnodd i'r llwyfan y Parchedig Ishmael Evans, un o weinidogion yr Eglwys Fethodistaidd.[55] Roedd llais fel utgorn ganddo. Diolchodd i berchennog y castell ac atgoffodd bawb mai ar dir sanctaidd y safent. 'Lle i addoli yw'r lle hwn', meddai. Dyna paham y gwaharddwyd ysmygu o fewn y castell yn ystod yr oedfa. Cafwyd cyfraniad wedyn gan y Parchedig E. Evans, Bangor, a'i weddi daer ar i Dduw lenwi'r castell. Ar ôl canu'r emyn 'Marchog, Iesu, yn llwyddiannus' safodd y Parchedig J. W. Hoyt, M.A., ar ei draed. Yr oedd ef wedi teithio dros Fôr Iwerydd o Canada i'r cyfarfod, er mwyn gweld Duw ar waith yn Evan Roberts, a theimlo'r pwerau ysbrydol. Credai Hoyt y byddai'r Diwygiad crefyddol Cymraeg yn effeithio ar fywyd crefyddol yr holl fyd. Da oedd gweld cynulleidfa mor niferus. Amcangyfrifid fod 6,000 o fewn muriau'r castell.

Ar berswâd y Parchedig Ishmael Evans cymerwyd rhan gan nifer o'r chwiorydd, ac yna cyrhaeddodd Evan Roberts, John Williams, Lerpwl, ac Annie Davies y llwyfan i gyfeiliant 'Dyma Gariad fel y moroedd'. Gweddïwyd yn Saesneg gan y Parchedig Farrier Hume, Bryste, gyda dwyster am i Dduw, a fodolai cyn adeiladu'r castell, ei amlygu ei Hun yn rymus yn eu plith. Canwyd unawd gan Annie Davies, 'Dyma Gariad', yn ei dull dihafal ei hun. Teyrnged gohebydd *Yr Herald Cymraeg* iddi oedd: 'Rhyfeddol yw dylanwad llais y rhiain hawddgar hon'.[56] Cymerwyd rhan gan John Williams, ond er ei holl ddoniau a'i gysylltiadau agos â Biwmares trwy ei dad, Evan Roberts, y gŵr ifanc o löwr oedd yr atyniad. Pan siaradai ef ceid tawelwch perffaith. Addoliad oedd y gwir angen, gweddi i gynysgaeddu gwaith y Cristion. 'Peidiwch gweddïo,' meddai, 'er mwyn cael hwyl ond er mwyn cael Duw yn arweinydd, ac nid yw yn bosibl cael mwy na hynny.' Gofynnodd yn bwyllog:

> A oes yma filwyr y Groes yn bresennol? Roedd undeb rhwng y credinwyr yn angenrheidiol i orchfygu'r byd drwg presennol. Deuai undeb Cristnogol yng Nghrist Iesu. Crist yw'r un sy'n uno pawb o'r disgyblion. Edrycher o'r newydd ar Iesu. Ef yw'r Cadfridog-filwr, hynny yw Gorchfygwr Angau a Satan a phwerau'r drygionus ddynion. Gall orchfygu'r holl fyd heb gymorth neb. Ni all Brenin Iorwerth VII o Brydain wneud y gamp honno. Byddin anfeidrol yw byddin Crist, canys y mae ef ei hun yn anfeidrol yn ei ddynoldeb a'i ddwyfoldeb. Rhoddir y goron ar ben y Gwaredwr.[57]

Roedd y dorf wedi ei syfrdanu gan y genadwri, un o'r cenadwrïau grymusaf o'i eiddo ym Môn.[58] Bu distawrwydd dwfn ar derfyn yr anerchiad cyn i liaws o'r dychweledigion ymateb ar lwybr gweddi a gorfoledd ar gân. Aeth yr olygfa yn annisgrifiadwy. Llewygodd merch ifanc yn ymyl y llwyfan a phan safodd y dorf i lygadrythu arni, fe'i ceryddwyd gan y Diwygiwr: 'Gweddïwch bobol; addolwch bobol; fe fydd y Meddyg Mawr yn barod i edrych ar ei hôl hi'.[59]

Roedd lliaws o filwyr yn y dorf a chyfeiriodd y glöwr ifanc o Gasllwchwr yn fynych atynt ar wahân i gynnwys ei anerchiad. Gweddïodd W. Llewellyn Lloyd, Bethel, ac Annie Davies, y gantores, a chafwyd 30 o ddychweledigion. Terfynwyd cyfarfod llwyddiannus trwy ganu emyn Saesneg.[60]

Cyfarfod Diwygiad arall yn y Castell

Y noson wedyn, ar nos Fercher, cafwyd cyfarfod arall yng Nghastell Biwmares.[61] Roedd y dyrfa, o ran maint, yn debyg i'r noson cynt. Yn y prynhawn bwriedid mynd ag Evan Roberts am dro i fwynhau golygfeydd Môn mewn cerbyd gyda Maer Biwmares, Hugh Thomas; Dr Thomas, Biwmares, a Dr Lewis Hughes, Dowlais.[62] Ond fe'u rhwystrwyd rhag mynd yn bell gan chwilfrydedd y dorf a bu'n rhaid iddo ddychwelyd i'w lety am nodded, a hynny trwy ddrws y cefn.

Yr oedd cannoedd ar gannoedd o bobl yn cyrraedd Biwmares o'r wlad a channoedd mwy mewn cychod. Erbyn 5 o'r gloch yr oedd lawnt y castell wedi ei gorchuddio gan bobl a llawer o beirianwyr milwrol Môn yn eu plith. Y Parchedig Ishmael Evans oedd wrth y llyw a T. J. Williams, prifathro Ysgol Sant Pawl, Bangor, yn arweinydd y gân.[63] Ond buan y llithrodd y gweithrediadau o'u gafael. Rhoddwyd datganiad gan ŵr ifanc o'r emyn 'A glywaist di sôn am yr Iesu dinam?' a chenid emynau un ar ôl y llall, hyd nes i Tegfan Roberts roddi datganiad gwefreiddiol yn canu penillion a anogai'r bobl i ymateb i wahoddiad y Crist. Dyma ddau o'r penillion a ganodd:

Gelwaist Matthew wrth y dollfa,
A Zacheus o frig y pren,
Heddiw'n rhydd i'r nefoedd wen.
Galw finnau, Iesu anwyl, ar dy ôl.

Gelwaist fab y weddw wiw,
Ar yr alwad cododd yntau
O afaelion angau'n fyw.
Galw finnau, Iesu anwyl, ar dy ôl.[64]

Ar derfyn datganiad Tegfan Roberts canodd y dorf 'Dduw mawr y rhyfeddodau maith', a theimlid fod y castell yn crynu gan nerth y moliant.

Roedd hi'n reit hwyr pan gyrhaeddodd Evan Roberts, y Parchedigion John Williams a Thomas Charles Williams ac Annie Davies. Eisteddodd Evan Roberts ar y llwyfan am hanner awr heb symud na llaw na throed nac yngan gair. Apeliodd John Williams atynt i addoli'n ddwys ac i ymwrthod â chwilfrydedd busneslyd dynol. Yna, cododd Evan Roberts ar ei draed i ymddiheuro am fod yn hwyr. Ond roedd pwrpas arbennig i'r weithred honno. Nid ei amlygu ei hun oedd ei bwrpas ond dyrchafu enw Duw ymhlith ei bobl.[65]

Profodd John Williams y cyfarfod, ac yna neidiodd y Parchedig Ishmael Evans i'r llwyfan, a dweud wrth ei gyd-weinidogion: 'Dewch, gyfeillion anwyl, gadewch i ni fynd i ganol y dorf hon i weithio gwaith y nef. Beth ydan ni dda yma?'[66]

Gweddïodd yr Ianci Weinidog o ddinas Boston, Lloegr Newydd, am drugaredd yr Arglwydd wrtho ef a'i gyd-bererinion. Atebwyd ei gri. Cyhoeddwyd o'r llwyfan fod amryw (ni roddwyd ffigur) wedi bwrw eu harfau cnawdol i lawr ac wedi ildio i alwadau ffydd, gobaith a chariad. Terfynwyd ail oedfa Biwmares drwy gydadrodd yn Gymraeg Weddi'r Arglwydd.

Ar ei ffordd brynhawn Iau i'r cwch ym Miwmares daeth bachgen bach a'i gap yn ei law i gyflwyno swp o flodau i'r Diwygiwr. Ymadawodd â Biwmares mewn agerfad bychan ar hyd y Fenai. Adnabuwyd ef gan deithwyr y llong *St Tudno* a oedd ar eu ffordd i gyfarfod ym Mhorthaethwy. Bloeddiwyd 'hwrê' fawr gan y teithwyr hynny.[67]

Oedfa galed Porthaethwy

Yr oedd cyfarfod Porthaethwy i'w gynnal mewn cae ar gyrion y dref. Pan ddaeth ef i'r cae rhuthrodd y dyrfa i'w gyfarfod. Roedd Mary Roberts yn well erbyn hyn ac yn bresennol. Poenid Evan

Roberts yn fawr gan y bobl a godai blant ar eu hysgwyddau er mwyn iddynt gael craffu arno trwy sbectolau opera. Roedd rhwng naw a deg mil yn bresennol ym Mhorthaethwy. Llewygodd nifer, tua dwsin o ferched ieuainc. Rhybuddiodd John Williams hwy i sefyll yn ôl o'r llwyfan rhag i neb gael niwed.[68]

Bu Evan Roberts yn ddistaw am awr a hanner. Pan gododd ar ei draed defnyddiodd i bwrpas yr hyn a alwn yn 'ddawn Môn' gan sôn am yr awel dyner a chwythai ar draws y cae, ac am yr angen am amynedd mewn oedfa oedd yn llawn o ras yr Efengyl. Gwthiodd y bwrdd oedd o'i flaen a cherddodd yn ôl a blaen ar y llwyfan â gwên hyfryd yn goleuo'i wyneb hardd. Safodd yn solet a dweud gydag awdurdod, 'Yn awr gadewch i ni oll weddïo am y dychweledigion', a chan gymryd ei sedd, gostyngodd ei ben mewn ymbil dwys. Cymerodd cannoedd o'r pererinion ran amlwg ar lwybr gweddi cyn i Frynsiencyn brofi'r cyfarfod.

Daethpwyd i'r casgliad y nos Iau honno fod yna gannoedd ar gannoedd yn y gynulleidfa nad oedd yn gymunwyr nac ar lyfrau'r eglwys, a phawb ohonynt yn gyndyn i ildio.[69] Methwyd â chael un enaid byw i gofleidio'r gwahoddiad. 'Gyfeillion,' meddai gweinidog Princes Road, Lerpwl 'yr ydym yn dystion heno o olygfa na welwyd ei chyffelyb mewn un o'n cyfarfodydd. Dim un enaid yn barod i gyflwyno ei hun i Grist, er ein holl weddïau. Dyma brawf ar ein ffydd ni. Byddwch yn ddidwyll yn eich gweddïau.'

Yna gweddïwyd gan niferoedd tra eisteddai Evan Roberts â'i ben yn ei blu mewn distaw weddi. Roedd ei chwaer ac Annie Davies yn ymbil yn daer ac yn ailadrodd drosodd a throsodd: 'O Arglwydd, achub! O Arglwydd, achub!' Ymunodd cannoedd yn y gri: 'O Arglwydd, achub'. Profwyd y cyfarfod am yr eildro rhag iddo fynd yn gwbl ddiffrwyth a chafwyd ymateb gan amryw. Canai'r dorf 'Diolch iddo, byth am gofio llwch y llawr' tra oedd y dychweledigion yn ymateb. Cododd y Diwygiwr ar ei draed, a chan wenu, anogodd hwy i weddïo'n daerach fyth dros bawb oedd yn gwrthod gwahoddiad yr Efengyl. Clowyd yr oedfa gyda chanu melodaidd y dyrfa fawr.

Evan Roberts yn Llanddona

Brynhawn Sadwrn cafwyd digwyddiad cwbl newydd, sef cyfle i fynd i Eglwys y Plwyf yn Llanddona.[70] Rheithor y plwyf oedd y Parchedig Peter Jones, ac roedd ef wedi gwahodd Evan Roberts wythnosau ynghynt i ddod i'w blwyf a'i eglwys. Canmolwyd Peter Jones am ei eangfrydedd, a deng mlynedd yn ddiweddarach ymddangosodd cerdd o eiddo Deiniol Fryn yn *Y Geninen* yn clodfori'r Rheithor.[71] Dyma hi:

> Meddai ef galon hynod am led,
> Ysbryd nas rhwymid gan ffin na chred;
> Evan – yr Evan Roberts – a fu
> Gynneu i'w genedl yn fwy na llu,
> Gafodd yn Eglwys Llanddona, ddôr
> Lydan – fel eiddo Nefoedd yr Iôr.

Ond er hyn i gyd, Ymneilltuwyr oedd y mwyafrif a ymgasglodd yn Llanddona am 1.30 y prynhawn hwnnw. Cafwyd Cyfarfod Gweddi i ddechrau cyn i Evan Roberts gyrraedd yng nghwmni John Williams a Peter Jones. Roedd yr olaf yn ei wenwisg, a chafwyd y drefn eglwysig arferol gyda John Williams yn darllen y llithoedd, cyn i'r Rheithor draddodi un o'r anerchiadau mwyaf defosiynol a glywyd yn ystod ymgyrch Môn. Soniodd am hynafiaeth eglwys Llanddona, ac am yr angen i ymostwng o'r newydd fel credinwyr. Aeth rhagddo i egluro paham y bu iddo wahodd y gŵr ifanc o'r de i'w plith: '[Gwneuthum hynny] oherwydd fy mod yn credu ei fod ef yn genad arbennig oddi wrth Dduw i gyflawni gwaith arbennig dros Grist ar adeg arbennig yng Nghymru'.

Credai fod Cymru 'yn cael ei breintio yn arbennig gan Dduw' trwy dywalltiad yr Ysbryd Glân. Beth a ddywedai'r Esgob? Roedd ef o blaid y mudiad. Ychwanegodd:

> Ni fydd Evan Roberts yn gofyn i chwi ymuno â'r eglwys hon neu'r eglwys arall onid geilw arnoch oll i ddod at Iesu, a dyna paham yr oeddwn mor awyddus am iddo ddod yma heddiw.

Cawsai Peter Jones afael ardderchog ar ei genadwri a chododd Evan Roberts i ymateb. Soniodd iddo fod y mis Medi blaenorol mewn Eglwys Anglicanaidd, a chofiodd y geiriau a ddaeth i'w glyw: 'Bywha dy waith, O Arglwydd, ynghanol y blynyddoedd'. Ffordd ddiogel i ddod o hyd i hapusrwydd bywyd oedd byw yn agos i'r Anfeidrol Dduw. Profwyd y cyfarfod yn Llanddona a gwelwyd llawer o'r gynulleidfa'n ymateb gan gofleidio Crist yn Waredwr. Cyfarfod o argyhoeddiad dwfn oedd cyfarfod Llanddona.

Cyfarfod nos Sadwrn

Roedd yr ail gyfarfod hwyrol ym Mhorthaethwy i'w gynnal yn yr awyr agored er ei bod hi'n noson oer a gwlyb. Yn bresennol gydag Evan Roberts yr oedd Annie Davies, ei chwaer Mary Roberts a Sidney Evans. Yr oedd Mrs Annie Davies, Treborth, merch y seraff-bregethwr Henry Rees, Lerpwl, ar y llwyfan hefyd.[72] Uchafbwynt y noson oedd yr unawdau o eiddo Sam Jenkins.

Sul Benllech

Drannoeth, y Sul, fe ganolbwyntiwyd y cyfarfodydd yn y Tabernacl, Ty'n-y-gongl, Benllech, capel a ddaliai 800 o gynulleidfa. Yn y bore roedd y capel yn llawn ychydig cyn 9 o'r gloch.[73] Cyrhaeddodd Evan Roberts am 9 o'r gloch yng nghwmni Mary Roberts, Annie Davies, y Parchedigion W. Llewelyn Lloyd a William Pritchard, Pentraeth. Canodd Tegfan yn hyfryd o'r oriel am i'r Iesu alw pobl 'o'r Dwyrain, Gorllewin, Gogledd, De i'th Eglwys yn ddi-atal, mae digon eto o le'.

Siaradodd Evan Roberts ar ôl Annie Davies a soniodd am yr angen i weld Mynydd Carmel yn ei holl ogoniant. I Evan Roberts yr oedd 'gormod o lwydrew ar ein diolch i Dduw a rhy fach o fywyd y gwanwyn yn ein gwythiennau ac o harddwch yr haf ar ein cymeriadau'.[74] Brawddeg afaelgar arall o'i eiddo oedd: 'Gorchest y rhagrithiwr ydyw bod yn debyg i'r Cristion, ond gwaith y Cristion ydyw ymdebygu i Grist'.[75] Roedd y profi yn nwylo W. Llewellyn Lloyd. Canodd Annie Davies 'Dyma gariad' ac ym marn llawer un, yr oedd cyfarfod y Tabernacl, Ty'n-y-gongl, yn un o'r goreuon.

Roedd cyfarfod yr hwyr i'w gynnal yn yr awyr agored, a dechreuwyd gan Mr Vaughan Thomas, Llundain, a dilynwyd ef gan y Parchedigion William Pritchard a Towy Jones o blith y Bedyddwyr.

Roedd W. Llewelyn Lloyd, Mary Roberts a Mary Davies yng nghwmni'r Diwygiwr a chafwyd sylwadau ganddo ef ar 'Ddoethineb a Bedydd yr Ysbryd Glân'.

> Mae yr Ysbryd Glân gyda ni. Rwy'n teimlo ei bresenoldeb yma. Nid oes eisiau i ni weddïo am iddo ddyfod ... Geilw yr Ysbryd yn barhaus, geilw ar bawb. Dyma'r perygl – peidio gwrando ar y llais. Wyddoch chwi beth alwai dynion yr Ysbryd yn y gorphenol? Galwent Ef – "rhywbeth" ni wyddent beth. Yr enw arno yn awr yw yr Ysbryd Glân. Y wers fawr yw ufudd-dod, ufudd-dod, ufudd-dod.[76]

Gorffen yr ymgyrch yn Llanfairpwllgwyngyll

Roedd Cenhadaeth Môn ar ddirwyn i ben, ac ar ôl Ty'n-y-gongl, symudwyd am y cyfarfod olaf ar nos Lun, 3 Gorffennaf 1905, i Lanfairpwllgwyngyll. Cyfarfod awyr agored ydoedd yn y cae y tu ôl i Gapel Rhos-y-Gad ac roedd llwyfan helaeth wedi ei ddarparu.[77] Y Llywydd oedd gweinidog Rhos-y-Gad, y Parchedig W. J. Williams. Ar y llwyfan gydag ef yr oedd amryw o weinidogion Sir Gaernarfon, fel y Parchedig W. O. Jones, Caeathro; yr hanesydd a'r cyfrinydd William Hobley, Caernarfon; gweinidog Capel Methodistiaid Calfinaidd Brynrefail er 1884, Richard Jones (Glan Alaw) ond un a anwyd ac a fagwyd ym Môn, yn Llanfachreth; G. Hughes, Pen-y-groes a dau o Fôn, Thomas Evans, Caergybi, a Richard Matthews, Nebo. Yn Llanfair Pwllgwyngyll y cychwynasai'r Diwygiad ym Môn ac amcangyfrifid i 4,000 ddod ynghyd.[78]

Bu canu bendigedig ar yr emynau, yn arbennig ar bennill cyntaf emyn mawr William Williams, Pantycelyn:

> Yn Eden, cofiaf hynny byth,
> Bendithion gollais rif y gwlith;
> Syrthiodd fy nghoron wiw.
> Ond buddugoliaeth Calfari
> Enillodd hon yn ôl i mi:
> Mi ganaf tra bwyf byw.[79]

Bu cydweithio dwys o dan arweiniad W. J. Williams, yn arbennig wrth ganu emyn John Hughes, Pontrobert:

> O anfon Di yr Ysbryd Glân,
> Yn enw Iesu mawr;
> A'i weithrediadau megis tân –
> O deued Ef i lawr!

Fe'i canwyd gydag arddeliad cyn mynd ati i weddïo am faddeuant, a chanmol yr achubiaeth yng Nghrist Iesu.

Erbyn 7.15 y cyrhaeddodd Evan Roberts a'i chwaer a'i gefnogwyr: Annie Davies, Maesteg; Dr Thomas, Biwmares; yr Athro John Morris-Jones a'r Parchedig John Williams. Erbyn hyn roedd y dyrfa wedi cynyddu i ryw 5,000 o bobl. Cododd Evan Roberts i annerch gan ofyn cwestiwn:

> Wel, gyfeillion, a gawn ni addoli yma? Mae'r Ysbryd Glân yn agos a'r nefoedd yn gorffwys ar yr oedfa. Gwyliwch ffurfioldeb yn yr addoliad. O ie, cofiwch ei fawredd – 'Duw mawr'. Mae yn Dad hefyd i ni, ac mae Iesu yn frawd i ni.

Torrodd y Diwygiwr i lawr ar ganol ei anerchiad a llefodd, 'Diolch am gael fy narostwng, i gael mynd lawr yn isel'. Ni allai'r dyrfa ddal rhagor, a throdd yr oedfa yn orfoleddus gyda gweddïo ac ochneidio ac amenio parhaus. Yn ôl gohebydd *Yr Herald Cymraeg*, dyma oedd cyfarfod rhyfeddaf yr ynys. Trawyd 'Marchog,

Iesu, yn Llwyddiannus', ac wedyn cafwyd anerchiad sylweddol gan John Williams. Roedd cannoedd o bobl, yn ôl y gohebydd, fel adar 'yn trydar wrth yr orsedd'. Cafwyd gweddi ddwys gan J. Griffith, Y Felinheli. Yr oedd yn wylo'n hidl yn ei weddi gerbron gorsedd gras yr Efengyl. Ildiodd nifer, a mwy fyth, ar ôl i'r Parchedig John Williams brofi'r cyfarfod.

Y diwrnod wedyn, sef 4 Gorffennaf 1905, ymadawodd Evan Roberts ag Ynys Môn i gyfarfod mawr yn y Pafiliwn yng Nghaernarfon erbyn 2 o'r gloch.[80] Rhaid gofyn yn awr beth fu'r adwaith i'w daith ar hyd a lled yr ynys.

* * *

NODIADAU

1 Rhif 249 yn *Caneuon Ffydd*, Llandysul, 2001.

2 Ibid., rhif 205.

3 Roedd Thomas Charles Williams (1868–1927) yn un o wŷr mawr Môn, ac yn hanu o deulu nodedig Gwalchmai o ochr ei fam, teulu'r Charlesiaid. Roedd y tad a phedwar o'i feibion yn bregethwyr: John Charles, y tad (1784–1858); Hugh Edward Charles (1806–39); John Charles (1809–65); William Charles (1817–1849); David Charles (1823–60).

Roedd y ddau olaf yn bregethwyr grymus. Bu'r Parchedig John Charles yn briod ddwywaith. Priododd Elizabeth Edwards, Trewalchmai, ar 21 Awst 1804 a chawsant dri o blant Mary, Hugh Edward a John. Yna priododd Grace Hughes o blwyf Llangwyllog, 5 Mawrth 1816, a ganed William, Eleanor (1819–36), Thomas (1821–45), David, Grace (1825–42) a Margaret (1827–1908), mam Thomas Charles Williams, a phriod y Parchedig Hugh Williams. Ganed Thomas Charles Williams, ŵyr John Charles, nai i bump o bregethwyr a mab i weinidog, ar 28 Awst 1868. Cafodd addysg dda yng Nghroesoswallt, Y Bala, Aberystwyth a Choleg Iesu, Rhydychen, lle graddiodd gydag anrhydedd yn 1897. Daeth yn syth o Rydychen i fugeilio Capel Mawr, Porthaethwy, a bu yno hyd ei farwolaeth, ei unig ofalaeth. Ceir manylion am deulu ei fam gan y Parchedig R. Hughes, Y Fali, yn *Enwogion Môn 1850–1912*, Dolgellau, 1913, tt. 15–16, ac am ei dad y Parchedig Hugh Williams, t. 203. Yr oedd ganddo yntau frawd, y Parchedig John Williams,

Gwalchmai, pregethwr gyda'r Annibynwyr, a fu farw yn 1893. Ceir cofiant gwerthfawr i Dr Thomas Charles Williams gan H. Llewelyn Williams, *Thomas Charles Williams*, Caernarfon, 1964.

4 Rhif 500 yn *Caneuon Ffydd*, Llandysul, 2001.

5 Gwilym Hughes, 'Y Diwygiad a'r Diwygiwr', *Yr Herald Cymraeg*, Mehefin 13, 1905, t. 8.

6 Ibid.

7 Ibid.

8 Aelod Seneddol Môn adeg y Diwygiad oedd Ellis Jones Ellis Griffith (1860–1926). Fel ffrind cywir i'r Parchedig John Williams yr oedd ef yn bleidiol iawn i'r Diwygiad ac i Evan Roberts. Enillodd Môn i'r Rhyddfrydwyr yn etholiad Gorffennaf 1895 gyda mwyafrif o 1,027 dros y Ceidwadwr, J. R. Roberts. Yn etholiad Hydref 1900 ni fu'n rhaid iddo ymgyrchu gan na osodwyd gwrthwynebydd iddo. Ond yn etholiad Ionawr 1906, etholiad a laddodd y Diwygiad, fe ychwanegodd at ei fwyafrif dros y Ceidwadwr C. F. Priestley. Gwnaed ef yn gofiadur Penbedw yn 1907 ond ni fu'n rhaid iddo ymladd is-etholiad. Enillodd yn hawdd yn Etholiad Cyffredinol Rhagfyr 1910 dros R. O. Roberts, Ceidwadwr, ond ni ddaeth neb i'w erbyn yn Rhagfyr 1910. Ond yn Etholiad Cyffredinol Rhagfyr 1918 collodd y sedd i ymgeisydd y Blaid Lafur, Syr Owen Thomas. Dim ond 140 o bleidleisiau oedd rhyngddynt:

Syr Owen Thomas (Llafur) – 9,038

Syr Ellis Jones Ellis Griffith, Rhyddfrydwr Ceidwadol – 8,898

Yr oedd hi'n syndod o'r mwyaf ond cafodd gyfle arall pan enillodd Ranbarth Caerfyrddin i'r Rhyddfrydwyr yn Rhagfyr 1923. Bu farw yn sydyn iawn yn Abertawe yn ystod dyddiau'r brawdlys yno, ar 30 Tachwedd 1926. Roedd ei briod Mary yn ferch y Mans, merch y Parchedig Robert Owen, Tŷ Draw, Yr Wyddgrug, ac yr oedd ef felly yn frawd-yng-nghyfraith i'r Parchedig William Owen, gweinidog cyntaf Capel Webster Road, Lerpwl, rhagflaenydd Capel Heathfield Road ger Penny Lane. Maentumiodd Hugh Owen yn *Braslun o Hanes MC Môn 1880–1935*, Lerpwl, 1937, tt. 16–17, mai ef oedd fwyaf cyfrifol o'r holl wleidyddion am Ddeddf Datgysylltiad yr Eglwys yng Nghymru yn 1913. Adeg ei farwolaeth, talodd Cyfarfod Misol Henaduriaeth Môn deyrnged haeddiannol i'w goffadwriaeth:

> Plentyn y capel a'r Ysgol Sul oedd, ac ar hyd ei oes coleddai syniadau uchel am y Weinidogaeth. Yr oedd yn llawn o deimladau crefyddol dwysion, a thynnai lawer o gysuron o emynau'r Cysegr.

9 Cafodd Evan Richardson (1759–1824) ei eni yn y Bryngwyn Bach, Llanfihangel Genau'r-glyn, rhwng Bow Street a'r Borth. Rhoes ei fryd yn gynnar ar gael ei urddo'n offeiriad yn yr Eglwys Sefydledig a bu yn Ysgol Ystradmeurig, eithr daeth dan ddylanwad Daniel Rowland a rhoes y gorau i'w fwriad. Cychwynnodd ysgol yn Llanddewibrefi, ond yn 1781 cychwynnodd ar daith genhadol i Wynedd ac ni ddychwelodd i Geredigion. Crwydrodd Wynedd fel ysgolfeistr, o Frynengan i Bwllheli, i Langybi ac Eifionydd, ac yna i dref Caernarfon yn 1787 lle y daeth ei ysgol yn bwysig iawn. Addysgwyd John Elias yno. Ef oedd arloeswr Methodistiaeth yng Nghaernarfon, cymwynas arall y de i'r gogledd. Ceir disgrifiad byw ohono fel pregethwr yn Owen Thomas, *Cofiant John Jones, Tal-sarn*, Wrecsam, 1874, tt. 829–34.

10 John Thomas Job (1867–1938), emynydd a gweinidog gyda'r Presbyteriaid. Yr oedd yn weinidog ar Eglwys Carneddi, Bethesda, o 1898 i 1917. Un o Landybïe, Sir Gaerfyrddin, ydoedd, a dyfynnir yn aml ei emyn am y byd:

> Cofia'r byd, O Feddyg da,
>   A'i flinderau;
> Tyrd yn glau, a llwyr iachâ
>   Ei ddoluriau;
> Cod y bobloedd ar eu traed
>   I'th wasnaethu;
> Ti a'u prynaist drwy dy waed,
>   Dirion Iesu.

Un o Fwlch-llan, ger Tregaron, oedd y Parchedig Thomas Jones. Wedi cwblhau ei gwrs yn Nhrefeca aeth i fugeilio eglwys Saesneg y Gelli, Cwm Rhondda. Oddi yno symudodd yn 1892 i eglwys Saesneg y Methodistiaid Calfinaidd yn Rhostyllen ger Wrecsam. Bu yno hyd 1922 pan symudodd i ofalu am eglwysi Cymraeg Rake Lane, Wallasey a New Brighton, lle bu'n ddedwydd. Pregethu oedd ei brif ddiddordeb a bu galw mawr amdano fel y bu am ei ddau nai, y Parchedigion D. Tudor Jones a D. Lodwig Jones. Pregethai'n efengylaidd ac yn nyddiau Rhostyllen ystyrid ef yn olynydd Evan Roberts fel diwygiwr.

11 Meddyliai'r Parchedig Robert Davies Rowland, Caernarfon (Anthropos, 1853–1944), y byd o Evan Roberts. Roedd yn newyddiadurwr o'r radd flaenaf ac yn weinidog Beulah, eglwys y Methodistiaid Calfinaidd, Caernarfon, o 1890 hyd ei ymddeoliad yn

1933. Dyma ddarn a gyhoeddwyd gyda'r gerdd yn *Yr Herald Cymraeg* am Evan Roberts:

> Y mae y gwaith a wnaed, ac a wneid drwy offerynoliaeth Mr Evan Roberts, yn dwyn ffrwyth toreithiog yn ein plith. Y mae yr eglwysi wedi eu deffro a'u cynhesu; yr Ysgol Sabbathol yn adfywio, a'n pobl ieuainc yn fwy byw nag erioed i bethau'r Efengyl. Dylai pob pregethwr fanteisio ar y deffroad i wneyd ei oreu, gartref ac oddi cartref.

Ychwanegodd:

> Nis gall llawer ohonom fod yn bregethwyr mawr, ond dylem fod yn bregethwyr gwell ar gyfrif y dylanwadau newyddion sydd wedi ymddangos yn ein cynulleidfaoedd.

Yn ôl Anthropos gallai pob cennad fod yn syml, yn effro ac yn dyner fel Evan Roberts. Gweler Anthropos, 'Nodion ar y Diwygiad', *Yr Herald Cymraeg*, Mehefin 20, 1905, t. 5.

12 Bu nifer o wŷr amlwg ymneilltuaeth yn gysylltiedig â Llannerch-y-medd. Ordeiniwyd y Parchedig William Williams (Caledfryn, 1803–69) yn weinidog eglwysi Peniel, Llannerch-y-medd a Maenaddwyn ar 2 Mehefin 1829. Byr fu ei arhosiad ac ni wnaeth gymaint o argraff ag a wnaeth Evan Davies (Eta Delta, 1794–1855), arloesydd y mudiad dirwest. Mynnodd ei aelodau yn Llannerch-y-medd wneud tysteb iddo, a throsglwyddodd yntau'r arian at ddi-ddyledu, a Chapel Ifan yw'r enw o hyd ar Gapel yr Annibynwyr yn y dreflan. Cysylltir Rowland Williams (Hwfa Môn, 1823–1905) â Llannerch-y-medd a bu'n weinidog yno o 1881 hyd 1888, ond dylid ychwanegu na fu'n gysurus yno o gwbl. Er mai Monwysyn ydoedd, buasai'n hapusach ym Mrymbo, Bethesda, Arfon a Fetter Lane, Llundain (Tabernacl, King's Cross yn ddiweddarach) ac yn y Rhyl lle yr aeth ar ôl ymddeol. Ganwyd cewri'r pulpud ymneilltuol yn Llannerch-y-medd, megis John Hughes, Lerpwl (1827–93), meddyliwr, gwneuthurwr llyfrau a phregethwr ymroddgar. Gellid ychwanegu ato Richard Parry (Gwalchmai, 1803–97), disgybl i Galedfryn. Yn wir, denwyd ef oddi wrth y Methodistiaid Calfinaidd (a bu hynny'n wir am gynifer ohonynt) gan yr Annibynwyr. 'Dwyn defaid' o'r gorlan arall yw'r ymadrodd am hyn ac ni ddigwydd mor aml yn ein cyfnod ni. Y rhain ac eraill tebyg iddynt a roddodd enw arbennig i ymneilltuaeth yn Llannerch-y-medd.

13 Rhif 328 yn *Caneuon Ffydd*, Llandysul, 2001.

14 Rhif 568 yn *Caneuon Ffydd*, Llandysul, 2001.

15 Gweinidog Pentre Gwyn, 'Nodion ar y Diwygiad', *Yr Herald Cymraeg*, Mehefin 13, 1905, t. 8. Deuthum i'r casgliad mai Anthropos yw'r awdur oherwydd ei gysylltiad agos â'r *Herald Cymraeg* yng Nghaernarfon ac am mai ef oedd awdur y llyfr *Y Pentref Gwyn*, cyfres o benodau am ddyddiau bore oes yn Nhy'n-y-cefn ger Corwen.

16 Gweinidog rheolaidd cyntaf eglwys y Methodistiaid Calfinaidd yn Llannerch-y-medd oedd y Parchedig Richard Thomas a ddaethai yno o Lanllyfni yn 1889. Addysgwyd ef yn Nulyn, Y Bala a Chaeredin. Pregethwr bywiog a diddorol bob amser ydoedd, a chwbl eneiniedig ar brydiau. Cyfrifid ef yn ysgrythurwr o'r radd flaenaf. Dywedodd y diwygiwr Joseph Jenkins ar ôl ei glywed: 'Mae e'n dda i gyd ond y clebran yna sy'n ofnadwy'. Profasai Richard Thomas yn helaeth o Ddiwygiad 1859 ac er ei fod yn tueddu i ganmol yr ymweliad grasol hwnnw, nid oedd neb ym Môn a gawsai mwy o flas ar ymweliad Evan Roberts nag ef. Bodlonai pawb i Richard Thomas gymryd yr awenau adeg y diwygiad yn Llannerch-y-medd gan y meddylid yn uchel iawn ohono. Ychwanegwyd yr adeg honno gant o aelodau newydd at rif capel yr Hen Gorff. Gweler Hugh Owen (Gol.), *Braslun o Hanes MC Môn 1880–1935*, Lerpwl, 1937, tt. 303–4.

17 Gwilym Hughes, 'Y Diwygiad a'r Diwygiwr', *Yr Herald Cymraeg*, Mehefin 13, 1905, t. 8.

18 Roedd hi'n ddiwrnod cofiadwy hefyd yng Nghaergybi. Cynhaliwyd Gorymdaith yr Odyddion trwy strydoedd y dref a chyfarfodydd gweddi ar y ffordd. Canwyd llu o emynau'r Diwygiad, ac un o'r odyddion a gyffyrddwyd yn ddwys ar y daith oedd J. R. Parry, Tyddyn Blawd. Gweler 'Odyddion yn canu emynau'r diwygiad, Caergybi', *Yr Herald Cymraeg*, Mehefin 20, 1905, t. 5.

19 Huw Llewelyn Williams, *Thomas Charles Williams*, Caernarfon, 1964, tt, 62–3.

20 Ibid., t. 63.

21 Huw Llewelyn Williams, *Thomas Williams Gwalchmai*. Caernarfon, 1961, t. 29.

22 Ibid., t. 30.

23 Ibid., t. 31.

24 Ibid.

25 R. P. Williams, 'Evan Roberts yn Môn: Y Genhadaeth, yn Bryn-du, Llangefni a Chaergybi', *Y Tyst*, Mehefin 28, 1905, t. 9.

[26] Bu gweithgareddau rhyfeddol ar y nos Iau yng nghapel Penmount, Pwllheli, dan arweiniad dau o'r Diwygwyr a ddaeth i Fryn-du, sef Sidney Evans a Sam Jenkins. Dywedodd gohebydd *Yr Herald Cymraeg* fod y cyfarfod hwnnw 'ymhlith y pethau rhyfeddaf a mwyaf grymus a ddigwyddodd yma eto os yn un man yn ystod y diwygiad'. Roedd y capel dan ei sang, ac ugeiniau yn gweddïo, yn wylo, yn canu ac yn gorfoleddu. Yr oedd yr orymdaith trwy Bwllheli y noson honno i'r Maes yn rymus. Cafwyd pump o ddychweledigion. Gweler 'Gohebydd Pwllheli', *Yr Herald Cymraeg*, Mehefin 20, 1905, t. 5.

[27] Sonia'r Parchedig R. R. Hughes am hyn mewn ysgrif werthfawr o atgofion am y diwygiad. Yr oedd Evan Roberts a Joseph Jenkins yn hynod o debyg i'w gilydd am eu bod yn hoffi rhannu cyfrifoldebau'r cyfarfodydd. Dyma eiriau R. R. Hughes: 'Yr oedd yn well gan y ddau gael eraill i siarad na siarad eu hunain'. Llwyddiant y ddau, yn ei dyb ef, oedd cael pobl ifainc eraill i siarad ac adrodd am fawrion weithredoedd Duw. Gweler R. R. Hughes, 'Ar y Daith', *Y Goleuad*, Mawrth 13, 1957, t. 6.

[28] William George, *Atgof a Myfyr*, Wrecsam, Caerdydd a Chroesoswallt, 1948, t. 125.

[29] Ceir hanes teulu Lloyd George yn hwylus yn William George, *Richard Lloyd Cricieth*, Caerdydd, 1934, tt. 1–32, a cheir llun William Williams, cyd-fugail Richard Lloyd ar gapel Disgyblion Crist. Ni chymerodd yr eglwys honno yn Nwyfor ran ffurfiol yng ngweithrediadau'r Diwygiad.

[30] William George, op. cit., t. 125.

[31] Ibid., t. 31.

[32] Gŵr defnyddiol a dawnus o Edeyrnion oedd David Robert Daniel (1859–1931), ffrind mawr David Lloyd George. Penodwyd ef yn 1896 yn ysgrifennydd Undeb Chwarelwyr Gogledd Cymru a bu'n weithgar dros ben hyd ei farwolaeth ar 14 Medi 1931. Claddwyd ef yng Nghefnddwysarn ger bro ei febyd, Llandderfel.

[33] Roedd brawd ganddo hefyd, Evan Jones, yn genhadwr yn Llydaw er 1886. Gweler J. H. Morris, *Hanes Cenhadaeth Dramor y Methodistiaid Calfinaidd Cymreig hyd ddiwedd y flwyddyn 1904*, Caernarfon, 1907, t. 443.

[34] Yr oedd Hugh Hughes, Y Braich, a anwyd ym Mraich-talog, Tre-garth, ym Mawrth 1842 yn garismatig a dawnus ryfeddol. Da y dywedodd Dr R. Tudur Jones ei bod 'hi'n rhyfedd iddo gael ei anghofio mor llwyr yn y cylchoedd lle sonnir am bregethwyr,

oherwydd nid oes amheuaeth am faint ei gyfraniad'. Ef oedd yn gyfrifol am gychwyn Diwygiad 1904-05 yn Ystradgynlais a bu'n gefn mawr i'r Diwygiad ym Môn. Yn wir, paratodd y ffordd i'r Diwygiad yng Ngwynedd. Pan oedd yn weinidog ar Gylchdaith yr Eglwys Fethodistaidd (y Wesleaid) yng Nghaernarfon o 1895 hyd 1898, bu'n cynnal ymgyrch efengylaidd yn y Pafiliwn ac yn llenwi'r adeilad mawr hwnnw a ddaliai 10,000 o bobl i'r ymylon bob nos am bump wythnos. Trefnodd Cwmni Rheilffordd drenau arbennig i'r cyfarfodydd a chafwyd dros 500 o ddychweledigion. Ceir cyfeiriadau pwysig ato yn R. Tudur Jones, *Ffydd ac Argyfwng Cenedl: Hanes Crefydd yng Nghymru 1890–1914, Cyfrol 1: Prysurdeb a Phryder*, Abertawe, 1981, tt. 116, 198–9.

35 Yr oedd y Parchedig J. H. Williams yn gefnogwr brwd iawn i'r Diwygiad. Bu'n weinidog Moriah, Llangefni, o wanwyn 1904 hyd ddechrau 1910. Daeth i Langefni o gapel Dwyran yn Henaduriaeth Môn. Gweler Huw Llewelyn Williams (Gol.), *Braslun o Hanes Methodistiaeth Galfinaidd Môn, 1935–1970*, Dinbych, 1977, tt. 291–2.

36 Rhif 312 yn *Caneuon Ffydd*, Llandysul, 2001.

37 Stephen Morgan, 'Sidney Evans (1883–1960)', yn D. Ben Rees (Gol.), *Llestri Gras a Gobaith: Cymry a'r Cenhadon yn India*, Lerpwl, 2001, tt. 61–2.

38 R. R. Hughes, 'Ar y Daith', *Y Goleuad*, Mawrth 13, 1957, t. 6.

39 Ibid.

40 R. P. Williams, 'Evan Roberts yn Môn: Y Genhadaeth yn Bryn-du, Llangefni a Chaergybi', *Y Tyst*, Mehefin 28, 1905, t. 9.

41 Ibid.

42 Ibid.

43 Dynodwyd y diwrnod hwn ym Mangor yn 'Ddydd Diolchgarwch i'r Arglwydd am y Diwygiad a'i fendithion ym Môn ac Arfon, Lerpwl a Chymru'. Agorwyd y Gynhadledd gan y Parchedig Rowland Rowlands, Horeb. Canlyniad pennaf y Diwygiad yn ei dyb ef oedd y dychweledigion, ac yr oedd hi'n bwysig gwneud y capeli'n gartrefi ysbrydol i bawb yn ddiwahân. Yna cafwyd anerchiad gan yr hanesydd a'r llyfrgellydd, y Parchedig Thomas Shankland. Iddo ef, cyfraniad pennaf y Diwygiad oedd gwrthweithio cyfeiliornad mewn buchedd ac athrawiaeth yn ogystal â'r ysgafnder a welid yng Nghymru a'r ysbryd chwarae oedd fel haint yn y tir. Rhoddodd Rowland Hughes deyrnged i'r Diwygiad. Roedd Duw bellach yn destun siarad ym Mangor a Môn. Ailorseddwyd y goruwchnaturiol

ym marn a phrofiad miloedd ar filoedd o Gymry Cymraeg. Dysgai'r Diwygiad wersi syml i'r ymneilltuwyr. Dysgasodd nad oedd cymod o gwbl rhwng y capel a'r dafarn ac nad oedd angen dangos cydymdeimlad â'r Eglwys Sefydledig. Nododd y Parchedig Henry Rees Davies oblygiadau cymdeithasol y Diwygiad. Agorwyd llygaid y bobl yn fwy nag erioed ar eu dyletswydd a'u rhwymedigaeth i'r tlodion. Rhaid oedd gofalu'n well am blant bach tlawd y strydoedd. Roedd Iesu am i ni fod yn gymwynaswyr iddynt. Pwysleisiai'r Gynhadledd fod y capeli i ddylanwadu'n uniongyrchol ar holl fywyd y genedl. Roedd y ffydd i lefeinio bywyd y gymdeithas. Dyma'r halen yn ein bywydau. Cynhaliwyd cyfarfodydd gweddi ym mhob un o gapeli Bangor y noson honno. Gweler yr erthygl ddienw, 'Y Diwygiad ym Mangor', *Y Cymro*, Mehefin 29, 1905, t. 6.

44 Daeth y newydd hefyd o Frawdlys Môn ym Miwmares fod y Barnwr Phillimore wedi dedfrydu dau weithiwr o Gaergybi i garchar am dorri i mewn i Ebeneser, Capel y Methodistiaid Calfinaidd, Kingsland, Caergybi, ar Ebrill 19 a dwyn amryw o bethau. Cafodd Thomas John Williams (29 oed) naw mis o garchar a Thomas Jones (25 oed) saith mis o garchar.

45 R. R. Hughes, 'Ar y Daith', *Y Goleuad*, Mawrth 13, 1957, t. 6.

46 Dyn dawnus oedd John Moses (yr ieuaf), Tyddyn Bach, a holwr plant heb ei ail. Dywedid amdano ei fod yn weddïwr mawr, ond gweddïwr maith, maith. Ond ni flinai neb ar ei eiriolaeth. Dywedodd y bargyfreithiwr Syr Ellis Jones Griffith, Aelod Seneddol Môn, na chlywsai erioed huodledd hafal i eiddo John Moses. Bu farw yn 1917. Gweler Huw Llewelyn Williams (Gol.), *Braslun o Hanes Methodistiaeth Galfinaidd 1935—1970*, Dinbych, 1970, t. 197.

47 R. P. Williams, 'Evan Roberts yn Môn: Y Genhadaeth yn Bryn-du, Llangefni a Chaergybi', *Y Tyst*, Mehefin 28, 1905, t. 9.

48 R. R. Hughes, 'Ar y Daith', *Y Goleuad*, Mawrth 13, 1957, t. 6.

49 Gohebydd Arbennig, 'Cenhadaeth y Gogledd', *Y Cymro*, Mehefin 29, 1905, t. 8.

50 Blaenor yn y Capel Mawr, Porthaethwy, er 1901 oedd Lewis Prothero, Prif Gwnstabl Môn adeg y Diwygiad. Roedd yn ddirwestwr gweithgar, yn ymneilltuwr selog ac yn gredwr diysgog mewn gweddi. Gwnaeth ef bopeth yn ei allu i ofalu bod y cyfarfodydd mawr hyn yn cael cynhorthwy'r heddlu. Ef oedd yr ymneilltuwr cyntaf o Gymro i'w ethol yn Brif Gwnstabl Môn. Bu'n flaenor mewn pedair eglwys: Llandegfan (1897–1900); Porthaethwy

(1901–05); Moriah, Llangefni (1906–1917) a Biwmares (1918–1926). Bu farw yn 1926.

Bu'r diwygiad yn ffodus hefyd o'r tywydd. Cafwyd ym mis Mehefin, yn ôl Thomas Ruddy, Corwen, 189 o oriau o haul cynnes, gyda'r tymheredd yn cyrraedd 82.5F yn y cysgod. Cafwyd glaw ar bedwar diwrnod, o 16 i 20 Mehefin, ond roedd yr wythnos olaf yn ddychrynllyd o boeth, hynny yw, o 22 i 29 Mehefin. Roedd hi'n debyg i haf 1902, ac angen mawr am law. Ond fel y sylwodd Ruddy, yr oedd cefn gwlad yn baradwysaidd, yn brydferth ryfeddol, gyda digonedd o rosynnau gwyllt a blodau eraill. Ceir y manylion yn Thomas Ruddy, 'The Weather in June', *By-Gones*, Gorffennaf 12, 1905, tt. 90–1.

51 Rhif 523, *Caneuon Ffydd*, Llandysul, 2001.

52 Gweinidog Brynsiencyn adeg y Diwygiad oedd y Parchedig Thomas Hughes, a sicrhaodd ef fod yr eglwys leol yn profi o fendithion y Diwygiad. Bu ymweliad Evan Roberts yn foddion i greu awydd gwasanaethu Crist ar galonnau ieuenctid y fro. Yn ôl Hugh Owen (Gol.), *Braslun o Hanes MC Môn 1880–1935*, Lerpwl, 1937, t. 221 'Ail-enynnwyd y tân ar lawer allor a daeth nifer mawr o'r newydd i'w cysegru eu hunain i waith yr Arglwydd'.

53 Ganwyd Hugh Roberts (1830–1912) yn Aberffraw, Môn, a symudodd i Lerpwl yn 1848 lle y bu yn fawr ei gyfraniad i grefydd Fethodistaidd fel pregethwr a chenhadwr. Roedd yn ŵr diwylliedig a meddai ar lais da. Yn 1910 anrhydeddwyd ef gan gapel Anfield Road am ei lafur cydwybodol. Fe'i claddwyd ym mynwent Anfield a bu coffâd iddo yn *Y Goleuad*, Gorffennaf 31, 1912. Gweler R. Hughes, *Enwogion Môn 1850–1912*, Dolgellau, 1013, tt. 160–1.

54 Roedd Ishmael Evans (1843–1922) yn ŵr amlwg yn yr Eglwys Fethodistaidd adeg y Diwygiad ym Môn. Ganwyd ef yn Llannerch-y-môr a bu farw ar 2 Ebrill 1922 yng Nghaernarfon. Ef oedd pumed Llywydd y Gymanfa Gymreig. Sefydlwyd y Gymanfa yn 1899 ar batrwm y Gynhadledd Brydeinig i adolygu gwaith y taleithiau Cymraeg. Cynhaliwyd Cynhadledd 1903 ym Mhontypridd a thraddododd Ishmael Evans ei anerchiad llywyddol ar y testun 'Addysg a'r Eglwys'. Cyhoeddwyd yr anerchiad yn *Yr Eurgrawn*, 1903, tt. 329–336. Gweler Eric Edwards, *Yr Eglwys Fethodistaidd*, Llandysul, 1980, tt. 17, 20 ac 86.

55 Gohebydd, 'Y Diwygiad ym Môn', *Yr Herald Cymraeg*, dydd Mawrth, Gorffennaf 4, 1905, t. 7.

56 Ibid.

57 Ibid.
58 Ibid.
59 Ibid..
60 Ibid.
61 Ibid.
62 Ibid.
63 Ibid.
64 Ibid.
65 Ibid.
66 Ibid.
67 Ibid.
68 Ibid.
69 Ibid.
70 Ibid.
71 Deiniolfryn, 'Y Parchedig Peter Jones, Rheithor Llanddona', *Y Geninen*, Cyf. XXIII, Rhif 1, Ionawr 1915, t. 67.
72 Yn 1855 priododd Richard Davies (1818–1896), marsiandïwr cyfoethog ym Mhorthaethwy a etholwyd yn 1868 yn ddiwrthwyn-ebiad yn Aelod Seneddol Rhyddfrydol dros y sir. Parhaodd yn Aelod Seneddol hyd 1896. Ef oedd Aelod Seneddol ymneilltuol cyntaf y sir, yr Ynad Heddwch ymneilltuol cyntaf a'r Arglwydd Raglaw ymneilltuol cyntaf. Roedd ei frawd, Robert Davies (1816–1905), yn haelionus iawn tuag at amryw o gyrff: y Methodistiaid Calfinaidd; Prifysgol Cymru, Bangor; Capel Mawr, Porthaethwy; Coleg Normal Bangor; Byddin yr Iachawdwriaeth; Symudiad Ymosodol yr Eglwys Bresbyteraidd neu'r Methodistiaid Calfinaidd. Ei hoff emyn oedd 'Iesu, Iesu, rwyt ti'n ddigon'. Am y ddau frawd gweler R. Hughes, *Enwogion Môn 1850–1912*, Dolgellau, 1913, tt. 21–24, 66.
73 Gohebydd, 'Diwedd y Genhadaeth ym Môn', *Yr Herald Cymraeg*, Gorffennaf 5, 1905, t. 8.
74 Ibid.
75 Ibid.
76 Ibid.
77 Ibid.
78 Ibid.
79 Ibid.
80 Ibid.

RHAN III

Yr Adwaith i Ymweliad Evan Roberts â Môn

Roedd effeithiau'r Diwygiad i'w clywed ar unwaith ym Môn. Rhoddodd hwb sylweddol i'r Mudiad Dirwest, a chaewyd aml i dafarn. Daeth yn ffasiynol cyfuno efengylu gyda phropaganda dirwest.[1] Rhoddodd y Diwygiad hwb hefyd i gapeli o bob enwad a gwelwyd cynnydd yn ystadegau'r achosion. Bu cynnydd sylweddol yn rhif cymunwyr yr Eglwys Bresbyteraidd ar yr ynys o 11,175 yn 1904 i 13,059 yn 1906. Gwelwyd cynnydd sylweddol yn rhif aelodau yr Ysgolion Sul ym mhob ardal a chodwyd ysgoldai mewn ardaloedd anghysbell er hwylustod i'r trigolion.

Meithrin gweddïwyr cyhoeddus

Ond yr hyn a wnaeth y Diwygiad ym Môn yn anad dim oedd meithrin gweddïwyr cyhoeddus, pobl nad oedd yn swil i gyfarch Duw heb ganllawiau litwrgi eglwysig, i weddïo o'r frest. Roedd Thomas Charles Williams wedi rhybuddio ei enwad yn y Seiat Fawr a gynhaliwyd yn Sun Hall, Kensington, Lerpwl, adeg y Llungwyn 1900 nad oedd digon o weddïwyr cyhoeddus yn y capeli. Dyma ddarn o'i anerchiad di-dderbyn-wyneb:

> Anodd cael neb i weddïo'n gyhoeddus. Yr ydym yn sôn am ddefodaeth a phethau felly; mae'n ymddangos i mi y byddwn yn mynd yn ddefodwyr ar ein gwaethaf os na chawn ni ddiwygiad cyn bo hir; rhyw ychydig iawn ym mhob eglwys sy'n cymryd yr holl rannau cyhoeddus, ac y mae y rheiny yn mynd yn llai bob blwyddyn, ac yn ôl deddf naturiol mi awn pryd y bydd un yn gorfod gweddïo dros bawb, oblegid nad yw'r Eglwys yn ymgymryd â'i dyletswydd. Y diogelwch gorau fyddai cael tywalltiad grasol sydd yn ireiddio calonnau dynion.[2]

Mynegodd Thomas Charles Williams ei lawenydd i hynny ddigwydd wrth gyflwyno Hanes yr Achos (ar ran Henaduriaeth Môn) i Gymdeithasfa Llannerch-y-medd ym mis Mehefin 1907. Cafwyd, meddai, genhedlaeth newydd o weddïwyr. Dyma rai enghreifftiau penodol. Cymerer Capel y Parc yn Nosbarth Amlwch. Amlhawyd yn ddirfawr weddïwyr cyhoeddus yr eglwys.[3] Daeth bri mawr ar y Cyfarfod Gweddi a daeth llu o bobl i ddilyn Abraham Parry (a fu farw yn 1923) fel gweddïwyr mawr y gymuned. Gallent ddweud yn y tridegau – deng mlynedd ar hugain yn ddiweddarach – fod dylanwad Diwygiad 1904-05 ar y saint a bywyd eglwys y Parc wedi para.[4]

Yn Bosrah, Pen-y-sarn, yr oedd Hugh Hughes, Tŷ Uchaf, a'i ddawn eithriadol fel gweddïwr. Bu'r Diwygiad yn help mawr yn yr ystafell genhadol, a elwid Ponc yr Efail, a berthynai i Gapel Armenia, Caergybi. Newidiodd y Diwygiad awyrgylch moesol y gymdogaeth. Ac o 1905 hyd at gau'r ystafell genhadol cynhelid Cyfarfod Gweddi ar nos Sul. Roedd 'tân y diwygiad' wedi parhau 'i wreichioni am genedlaethau'.[5] Daeth dylanwad y Diwygiad yn drwm ar Capel Tŷ Rhys, Llangoed, achos a fu'n gefnogol iawn yn 2004 a 2005 inni gofio y Diwygiad yn deilwng. Ymunodd dros gant o bobl â'r achos yn Nhŷ Rhys fel canlyniad i'r diwygiad, a bu blaenoriaid o gynhysgaeth John Thomas, Cefni House, a Hugh Hughes, Arwel, yn dduwiolfrydig a chyfiawn yn eu holl ffyrdd.[6]

Bu Capel Ebeneser, Niwbwrch, ar ei ennill o'r Diwygiad.

Ymunodd 45 o oedolion â'r eglwys yn sgil ymweliad Evan Roberts, a ffrwyth arall oedd Cyfarfod Gweddi'r Bobl Ieuainc a gynhelid ar ôl yr oedfa bore Sul am genedlaethau.[7] Deffrowyd y bobl ieuainc yng nghapel Disgwylfa, Y Gaerwen. Daeth gweddïo'n hollbwysig – trowyd llawer o'r oedfaon a'r Ysgol Sul yn gyfarfodydd gweddi. Roedd y gweddïau yn wyrthiol gan yr ieuenctid, a daeth y byd ysbrydol yn agos iawn i'w profiadau.[8]

Roedd arweinwyr yr eglwysi at ei gilydd yn ddoeth. Ond soniodd Thomas Charles Williams am fân gwerylon ac amryw o lwynogod bychain, chwedl *Caniadau Solomon*, yn difwyno'r gwinllannoedd, 'adweithiad naturiol wedi cynhyrfiad yr adfywiad'.[9]

Ond y broblem fawr, fel y tystiodd gweinidog Capel Mawr, Porthaethwy, oedd bod 'gwres y Diwygiad' ddim 'mor amlwg y tu mewn i'r cylch swyddogol ag ydoedd y tu allan iddo'. Roedd gwrthdaro yn digwydd weithiau rhwng yr ifanc a'r hen, a rhwng yr aelodau mwyaf tanbaid a'r swyddogion nad oedd wedi profi'r pwerau diwygiadol. Nid oedd hyn y debygol o ddigwydd mewn eglwys fel y Gaerwen, gan fod rhai o'r selogion fel Evan Parry, gof Pen-sarn Berw, a'i ysbryd gwresog yn tarddu o dröedigaeth yn Niwygiad Richard Owen.[10]

Yr Ifanc yn cymryd at yr awenau

Yng nghapel Rhos y Gad, Llanfair Pwllgwyngyll, rhoddodd y blaenoriaid, dan arweiniad un o bregethwyr grymusaf ei ddydd, y Parchedig W. J. Williams, gyfle i'r ifanc. Cyn dyfod Evan Roberts i Lanfair ar 3 Gorffennaf yr oedd eisoes 70 wedi ymuno o'r newydd â'r eglwys a degau eraill ag eglwysi'r cylch, rhai fel Capel Ebeneser yr Annibynwyr a Salem y Wesleaid.[11] Bu ffrwyth y Diwygiad yn Llanfair yn amlwg iawn mewn elusen a brawdgarwch. Gwnaeth ddirfawr les i foesoldeb y pentref a bu'n foddion i gau'r holl dafarnau ond un.[12] Dyma dystiolaeth un o'r pentrefwyr, a'r enwocaf ohonynt, yr Athro John Morris-Jones:

> Un peth hynod yn y Diwygiad yw'r ddawn ymadrodd a ddangosir gan rai na ddisgwyliem ni eu bod yn meddu dim o'r cyfryw. Ni chlywais ddim mwy nerthol na gweddïau rhai gwŷr ieuainc nad ystyriwn eu bod yn meddu unrhyw ddawn lenyddol. Tybiwn eu bod yn berffaith o ran meddwl a mynegiant.[13]

A gwelasai newidiadau eraill yn y bobl ifanc hefyd:

> Ai teimlad yn unig yw'r Diwygiad? Na. Dyma wŷr ieueinc y pentre lle'r wyf yn byw, 50 neu 60 ohonynt, yr oeddynt chwech wythnos yn ôl yn awchus am y bêl-droed, ond yn awr yn newynu a sychedu am gyfiawnder. Ai teimlad yn unig a wnai beri hyn? Rwy'n gobeithio pethau uchel o'r Diwygiad. Yn y rhai blaenorol cymhellid pob un i feddwl mai'r peth mawr oedd cael ei enaid ei hun wedi ei achub. Yn hwn rhoir pwys ar ofal am eraill ... Mae'r tafarndai wedi'u gado. Yr oedd y tri sydd yn y pentre hyd y Nadolig (1904) yn gwneud busnes di-drai. Yn awr gallant gau y drysau.[14]

Ymaelododd 31 o bobl ag eglwys Sardis, Malltraeth,[15] ac 21 o bobl ifanc â chapel Soar ym mhlwyf Aberffraw.[16] Profasai Capel y Gad, Bodffordd, y pwerau ac roedd y blaenor, Richard Evans, Ty'n y Llan, wrth ei fodd. Gŵr anghyffredin ydoedd ef. Bu'n athro Ysgol Sul cyn ei fod yn ddeng mlwydd oed, ac yn flaenor o 1889 hyd ei farwolaeth yn 1920. Credai'n angerddol yng ngrym gweddi.[17]

Magodd Capel Cana, Rhostrehwfa, do o weddïwyr cyhoeddus o blith y bobl ifanc a ymaelododd trwy'r Diwygiad, a dywedwyd iddynt dderbyn 'i mewn i'r gorlan naw a fu'n crwydro yn ddigysgod a diymgeledd'.[18]

Bywiocáu'r eglwysi

Gallai Capel Jerwsalem, Gwalchmai, ymfalchïo fod dau o weinidogion amlycaf Cymru a dau o gefnogwyr pennaf y diwygiwr ifanc Evan Roberts wedi'u magu ynddo, neb llai na Thomas Charles

Williams, mab y Parchedig Hugh Williams (1856–1911), a Thomas Williams, mab y dirwestwr pybyr, Peter Williams, a fu farw yn 1896.[19] Ond roedd Jerwsalem, Gwalchmai, wedi elwa cymaint o gyfraniad yr ysgolfeistr lleol, Thomas Jones. Daethai i Walchmai o'i sir enedigol, Ceredigion, yn 1891 a gwnaed ef yn flaenor yn 1900. Dyma'r deyrnged iddo:

> Bu ei wybodaeth eang a'i gydymdeimlad ag ieuenctid yr Eglwys, ynghyd â'i dduwioldeb diamheuol yn gyfryngau a sancteiddiwyd er cynnydd yr eglwys a gwybodaeth.[20]

Taniwyd Thomas Jones gan y Diwygiad yn 1905 ac fe ailymgysegrodd i arweinyddiaeth ei eglwys a gwaith ei Waredwr. Gŵr tebyg i Thomas Jones oedd William Lewis, Tal-y-Llyn. Gwasanaethai ef gapel Dothan, Tŷ-croes, a gwnaed ef yn flaenor yn 1909. Ond dywedid amdano mai gŵr ydoedd a 'dynnai'r nefoedd i lawr i gyfarfod gweddi'.[21]

Cynheswyd yr aelwyd grefyddol yn Llangwyllog a daeth lliaws o weddïwyr cyhoeddus i'r amlwg.[22] Dyna hanes capel Bethesda, Cemais, hefyd; nifer fawr o weithwyr rhagorol yn y winllan.[23] Teimlodd Eglwys Bethlehem, y Garreg-lefn yn Nosbarth Amlwch, o'r diwygiad a cheid Cyfarfodydd Gweddi bob nos am fisoedd ar ôl ymweliad Evan Roberts.[24]

Câi Capel Rhos-goch fendithion y Diwygiad yn drwm pan ddeuid ynghyd yn ysgoldy Penygarnedd, a bu hyn yn help mawr i'r achos.[25] Deffrowyd ieuenctid capel Libanus, Llanfechell, a llanwyd hwy ag ysbryd gweddi ac asbri i weithio. Cafwyd cyfarfod gweddi ar ddydd Ffair Fechell yn 1905, gyda Libanus yn orlawn a'r tafarndai a heolydd y pentref yn wag.[26] Yr oedd canu'r Diwygiad yn Llanfechell yn orfoleddus o dan ofal Hugh Parry Edwards, gŵr a etholwyd yn flaenor yn 1904.

Bu gorfoleddu hefyd yng nghapel Bethel Hen, Llanrhuddlad. Amlhaodd gweddïwyr cyhoeddus yr eglwys a derbyniwyd o'r byd 28 o aelodau newydd. Plwyf arall a elwodd ar y Diwygiad oedd Llanfair-yng-Nghornwy. Yn rhyfedd iawn ni cheir cyfeiriad at y cynnwrf grasol yn y gyfrol ddiddorol *Yr Ardal Wyllt: Atgofion am Lanfairyngnghornwy* ond gwyddom fod y saint yng nghapel y Methodistiaid Calfinaidd yn Salem wedi cael hwb sylweddol i'r achos gan y Diwygiad.[27] Dechreuodd llawer o'r ieuenctid ymddiddori yng ngwaith a thystiolaeth y capel.[28]

Traddodiad cerddorol

Roedd gan rai o'r capeli megis Capel Moelfre, Llanallgo, draddodiad cerddorol ysblennydd, a chynhaliwyd Ysgol Gân gan William Roberts, Bryn Eugrad, am 5 o'r gloch bob prynhawn Sul am 50 mlynedd.[29] Yng nghapel y Dothan gofalai'r codwr canu, Thomas Edwards, ledio emynau'r Diwygiad fel 'Mi glywaf dyner lais' bob cyfle a gâi.

Profodd Capel Talwrn yn helaeth o rymusterau'r Diwygiad. Ymunodd nifer dda o bobl â'r capel o'r newydd, ond o fewn tair blynedd, 'oerodd cariad llaweroedd'.[30] Ategwyd y datganiad trist hwn gan y Parchedig E. Tegla Davies yn ei atgofion *Gyda'r Blynyddoedd* ac yntau wedi dod yn weinidog ifanc i'r Eglwys Fethodistaidd yng Nghylchdaith Biwmares. 'Er nad oedd ond dwy flynedd er y Diwygiad pan euthum yno, ychydig o'i ôl a oedd ar ysbryd yr eglwysi.[31]

Brwdfrydedd y dychweledigion

Ond nid oedd hyn yn wir am yr holl eglwysi. Daliodd llawer o blant y Diwygiad yn frwdfrydig ar hyd eu hoes. Dyna oedd tystiolaeth Capel Peniel, Porth Amlwch, am Richard Jones, Bryn Tirion. Clywid adlais y Diwygiad yn ei leferydd o 1905 hyd 1962, cyfnod o 57 o flynyddoedd.[32] Collodd Capel Jerwsalem, Mynydd Mechell, ddau o blant y Diwygiad o fewn deuddydd i'w gilydd, sef John Roberts, Yr Ogof, a John Jones, Twll y Clawdd, dau o flaenoriaid y gymuned Gristnogol er 1909. Roeddynt yn 'ddau a wybu am rin a naws y Diwygiad'.[33] Clywid yn amlwg adlais y Diwygiad bob amser ar weddïau Richard Owen (1890–1965), Grug Bach, yn ardal Pencarnisiog. Wesleaid oedd y teulu, ond cawsai ef ei ddal yn rhwyd y Diwygiad ac yntau ond yn 15 mlwydd oed. Gwasanaethodd Gapel Hebron, Bryngwran, yn hynod o ffyddlon ac etholwyd ef yn flaenor yno yn 1950.[34]

Yng nghapel Dwyran ceid nythaid o blant y Diwygiad, a dau ohonynt yn cyfoethogi pob Seiat gyda'u cyfraniadau. Eu henwau oedd Iolo Môn ac Owen Williams, Ty'n Llidiart (bu ef farw yn 1954), pentewynion a ddôi â gwres Diwygiad 1904-05 i brofiadau'r Seiat. Mynych yr adroddai Owen Williams yn ei weddi y pennill hwn:

Yn Ysgol rad fy Nuw
Yn rhyfedd iawn fe'm rhoed,
I ddysgu iaith Paradwys draw
Gan yr athro gorau erioed;
Ac er na fedraf fawr
Yn awr o iaith y nef,
Pwy ŵyr na chaf fy nysgu'n iawn –
Un mawr ei ddawn yw Ef.[35]

Sefyllfa ddigon tebyg a welid yng nghapel Gosen, Llangwyllog, pan geid Cyfarfod Gweddi a chyfraniadau gan John Pritchard, Ty'n Rardd, a David Morgan, Tŷ Mawr. Roedd naws hyfryd y Diwygiad ar ei orau ar ysbryd y ddau hyn a'u gweddïau yn ysbrydoli aelodau Gosen.[36] Felly yr oedd hi hefyd yng nghapel Brynrefail, Dulas, pan fyddai William Lewis, Ty'n Lôn, yn bresennol. Gŵr pwyllog ei ffordd ydoedd a ddarllenai bapurau a chylchgronau ei ddydd gydag awch, ac a brofodd o rym Diwygiad 1904-05. Bu'n blaenori ym Mrynrefail am flynyddoedd a bu'r capel hwn hefyd yn ffodus o ddyfodiad y Parchedig Hugh Hughes atynt. Symudasai ef yn ôl i Fôn o Fangor, Pensylfania, ar ddechrau'r ugeinfed ganrif. Bu farw yn 1908 ar ôl profi'n helaeth o ffrwyth y Diwygiad.[37] Estynnodd Capel Penucheldre alwad ym mlwyddyn gyntaf y Diwygiad i fyfyriwr yng Ngholeg y Bala, Owen Thomas, Brynaerau, a daeth ef atynt yng ngwres y Diwygiad. Cyfrannodd yn helaeth at ferw'r

Diwygiad a ffrwyth y cyfan oedd ailadeiladu a helaethu'r capel. Profodd Owen Thomas ei hun yn weledydd ac yn drefnydd gwych. Agorwyd capel newydd Penucheldre yn 1906.[38]

Adeiladwyd capel newydd yn Nhy'n y Maen adeg y Diwygiad. Cynhelir yr oedfaon mewn tŷ gwag o'r enw Ty'n y Gors. Bedyddiwyd yr eglwys â dylanwadau nerthol y Diwygiad. Yng ngwres y tân cafwyd ymroddiad llwyrach i wasanaethu'r Arglwydd yn y capel newydd. Adeiladwyd Capel Bryntwrog, ar draul o £750, ym mlwyddyn fawr y Diwygiad, sef 1905.

Bendithion cymdeithasol y Diwygiad

Bu'r Diwygiad yn fendith hefyd yn gymdeithasol ac yn ieithyddol. Dywedai Thomas Charles Williams i'r Diwygiad sobri'r wlad, yn ystyr ehangaf y gair. Deffrowyd cydwybod arweinwyr llywodraethau lleol. Codwyd cri am well tai a gwell cyflogau i weithwyr a ffrwynwyd cryn dipyn ar y fasnach mewn diodydd meddwol gyda gwell rheolaeth dros drwyddedau ac oriau yfed. Ac fel y tystiodd Syr John Morris-Jones ac Anthropos bu'r Diwygiad yn fodd i adfywio'r Gymraeg. Yn ôl Anthropos yn nechrau Gorffennaf 1905, pan oedd ymgyrch Evan Roberts ym Môn ar ddirwyn i ben:

> 'Ni fu erioed fwy, os cymaint, o siarad ac o ddarllen yn Gymraeg ag sydd yn y misoedd hyn. Yr oedd y Saesneg yn gormesu arnom yn drwm a phobl yn meddwl y byddai raid troi yr addoldai yn rhai Seisnig ar fyrder. Yr oedd yr hen Gymraeg yn ymladd am ei bodolaeth, ac yn cael ei chlwyfo yn feunyddiol yn nhŷ ei charedigion. Ond daeth trai ar fyd. Wele ysbryd y Diwygiad yn ymdaith drwy y wlad, ac yn gwneud y Gymraeg wen yn gerbyd i'w dylanwadau'.[39]

Mynnai Evan Roberts gynnal y genhadaeth yn gyfan gwbl trwy gyfrwng y iaith, a hynny er fod nifer yn pwyso arno i gymrodeddu a rhoddi llawer mwy o le i'r Saesneg. Ond ni wnaeth. Rhaid ei ganmol am hynny.

Erbyn diwedd ymgyrch Môn yr oedd Evan Roberts dan straen mawr. Ac yr oedd egni ymneilltuaeth yn symud i gyfeiriadau eraill, i fyd adloniant a chwaraeon, addysg a llên y dadeni a gafwyd yn sgil cerddi T. Gwynn Jones, Silyn Roberts, W. J. Gruffudd.[40] A chysegrodd llawer o arweinwyr ymneilltuaeth eu hamser a'u hegni i lenydda.[41]

Dawn Môn a chynnwrf y Diwygiad

Camgymeriad ydyw credu fod y Diwygiad wedi cyffwrdd â phob rhan o Gymru. Ni chafodd y Diwygiad lawer o effaith yn Sir y Fflint na Sir Drefaldwyn yn y gogledd, na chwaith yn Sir Fynwy a Sir Benfro yn y de.[42] Ond clywid ei effaith trwy Ynys Môn a byddai cynnwrf y Diwygiad yn amlwg am flynyddoedd i ddod yn lleisiau rhai o ddoniau amlycaf y sir. Bu farw Dr Thomas Williams ar 12 Ionawr 1942, a hyd ei fedd clywid cynnwrf y Diwygiad yn ei bregethau, ar destunau megis 'Llwybr y Groes yw Llwybr y Goron' (Mathew 16: 21–24) a 'Iesu Grist yn aros yn un', yn seiliedig ar Hebreaid 13: adnod 8. Yn wir, ceid ar hyd a lled Cymru adleisiau o'r Diwygiad pan ddeuai doniau mawr Môn i'r Sasiynau. Digwyddodd hynny yn Sasiwn Aber-porth yn 1924, dair milltir o bentref Blaenannerch, y pentref lle cychwynnodd y Diwygiad, 20 mlynedd ynghynt. Roedd Thomas Williams ar ei uchelfannau a'r hwyl wedi'i feddiannu pan lefarodd y cwpled: 'Ni fuasai gennyf obaith, Am ddim ond fflamau syth … 'Pe bawn i yn pregethu yn y de yma adeg y Diwygiad,' meddai, 'chawn i ddim gorffen yr hen bennill yma.' 'Chewch chi mo'i orffen heno chwaith,' meddai un o'r dyrfa. A thorrodd brawd allan i ganu ar y dôn 'Bryniau Casia':

> Oni buasai'r hwn a hoeliwyd
> Ar fynydd Calfari
> O ryw anfeidrol gariad
> I gofio amdanaf i.'[43]

Cododd pawb ar eu traed, pedair mil o bobl, a merched Aberporth yn gwasgu at y llwyfan â'u babanod yn eu breichiau. Roedd y Calfin rhonc Dr Cynddylan Jones, Caerdydd, wedi colli arno'i hun. 'Pentecost yw hwn' meddai. Cafwyd gorfoledd dan weinidogaeth Thomas Williams na chlywasid ei debyg yn ôl y Parchedigion Robert Ellis ac Eliseus Howells, ers dyddiau Diwygiad 1904-05.[44] 'Pregeth y Cwmwl Tystion' neu 'Rhedwn yr Yrfa' oedd testun y bregeth. Arhosai'r Parchedig T. H. Morgan, gweinidog Capel y Babell, Cwmbwrla, yn yr un llety â'r cennad. Trefedigaeth o fewn dinas Abertawe oedd Cwmbwrla i bobl Môn. Geiriau cyntaf T. H. Morgan oedd, 'Amhosibl fydd i chwi gael oedfa debyg i'r oedfa heno y tu yma i'r nefoedd mwy'. 'Diolch i chwi,' ebe Thomas Williams, 'ond gadewch i ni fynd ar ein gliniau i ddiolch am yr oedfa.'[45]

Cyfraniad unigryw Evan Roberts

A diolch a wnawn ninnau am wefr personoliaeth Evan Roberts, y diwygiwr.[46] Ymserchodd ym mhobl Môn a diolchwn am y rhai a fu'n driw iddo ar yr ynys ac am iddo ddal o flaen llygaid y tyrfaoedd yr arwyddair a fathwyd ar eu cyfer yn Nant-y-moel, 'Cofia'r Gwaed'. Cyhoeddwyd detholiad o emynau a thonau ar gyfer Ymgyrch Môn, emynau o waith rhai o gefnogwyr pennaf y Diwygiad, fel Evan Rees (Dyfed), J. T. Job ac R. D. Rowlands (Anthropos), a'r tonau o waith y Parchedig R. O. Williams, Porth Amlwch. Un o'r rhai mwyaf perthnasol ohonynt yn y casgliad yw emyn Dyfed, 'Cofio'r Gwaed':

Ni gofiwn y gwaed
A'r cymod a gaed
I godi pechadur
Am byth ar ei draed;
Er garwed y loes
A dirmyg yr oes,
Mae'r nef yn y golwg
Yn ymyl y Groes.

Ni gofiwn yr Oen
A drodd yn ei boen,
Yr anial difywyd
Yn wynfyd a hoen;
Mae'r ffordd ar ei hyd
Yn gariad i gyd,
A bywyd yn olau
Ar feddau y byd.

Ni gofiwn yr Iawn
A dalwyd yn llawn,
A chanu yn wyneb
Cyfiawnder a wnawn.
Ni dderfydd ein llef
O fawl iddo Ef,
Yn wynion ein gynau
Yng nghanol y nef.[47]

Haf bach Mihangel fu'r cyfan. Ychydig fisoedd ar ôl crwsâd Môn ciliodd Evan Roberts yn llwyr o'r maes. Bu hyn yn siom i lawer un. Ond i'r newyddiadurwr E. Morgan Humphreys, gŵr a gyfareddwyd yn llwyr gan y Diwygiwr, nid oedd hyn yn syndod o gwbl. Cymharai ef Evan Roberts â Florence Nightingale:

> Cofier i Florence Nightingale dreulio gweddill ei hoes o fwy na 50 mlynedd ar ôl rhyfel y Crimea mewn neilltuaeth; rhan fawr o'r amser yn ei hystafell wely, canys ysigwyd ei hiechyd gan ei hymdrechion yn y Crimea.[48]

Fel un a ddaethai i adnabod Evan Roberts yn ystod ei genhadaeth yn Lerpwl a Môn, dyma ddedfryd y newyddiadurwr ifanc ond craff hwnnw:

> Yr oedd yn amhosibl peidio parchu ei allu meddyliol; yr oedd rhai o'r anerchiadau yn ddisglair, nid oedd ynddynt arlliw o apêl arwynebol at y teimlad, a chamgymeriad mawr ydyw tybio mai *spell-binder* crefyddol oedd Evan Roberts.

Dywedodd ymhellach:

> Siaradwr tawel oedd, ei eiriau a'i ynganiad yn glir, ei ysbryd yn gariadus a'i feddwl yn drefnus.[49]

A chofier i'r Diwygiad ddal ei afael yng Ngwynedd, Meirionnydd, Môn a Chaernarfon ar ôl i Evan Roberts gyfeirio'i gamrau yn ôl i Forgannwg. Daeth lleisiau newydd i'r amlwg, ac un o'r rhai mwyaf arbennig oedd Mrs Mary Jones, Islaw'r Ffordd, Dyffryn Ardudwy. Tystiodd llu o bobl fod goleuni goruwch-naturiol yn tywynnu lle bynnag y byddai. Roedd hi'n feistrolgar fel gweddiwraig gyhoeddus a thyrrai pobl i wrando arni. Gweddïai gyda difrifwch anghyffredin. Nid oedd yn fyr gerbron gorsedd gras yr Efengyl. Parhaodd aml i weddi gyhoeddus am dri chwarter awr o enau Mary Jones.

Wrth grynhoi effaith y Diwygiad gadawaf y gair olaf i William George, brawd y gwleidydd enwog o Gricieth, ac un a fu yng nghwmni Evan Roberts pan aeth i fwynhau harddwch a thawelwch Eifionydd yn ystod ei gyfnod ym Môn:

> Tri Diwygiad a thri Rhyfel mewn cyfnod o 40 mlynedd! Meddwi ar yr Ysbryd Glân yn y Diwygiadau, ac ar waed gelynion yn y Rhyfeloedd, a'r bobl yn ymddangos mor frwdfrydig a diffuant tros y naill achos â'r llall...[50] I mi, ymddengys yr anghysonderau hyn yn arwyddion o wendid yng nghyfansoddiad moesol ac ysbrydol y genedl Gymreig. Awel yn ei chwythu i Galfaria, a chroes awel yn ei hyrddio i faes y gwaed, dyna hanes y werin erioed. Dyna o leiaf hanes cenedl y Cymry yn ystod yr hanner canrif diwethaf.[51]

Mae'r geiriau hyn, a gofnodwyd yn 1948, yn haeddu ystyriaeth ddwys. Sawl un o'r bobl ieuainc a fu mor barod i weddïo a moliannu yng nghyfarfodydd Môn ym mis Mehefin a Gorffennaf yn 1905 a welwyd ar 'faes y gwaed' yn y Rhyfel Byd Cyntaf? Sawl un ohonynt a gollodd eu bywydau? Ond un peth sy'n sicr, achubwyd ymneilltuaeth am ganrif arall. Heb Ddiwygiad 1904-05 byddai'r capeli wedi peidio â bod yn sefydliadau pwysig yn ein cymunedau, a byddai llawer ohonynt wedi cau eu drysau yn gynt nag a wnaethant. Can mlynedd yn ddiweddarach mae'r ysgrifen ar y mur, a rhyfedd ydyw cydnabod mai dathlu'r Diwygiad a wnawn yn hytrach na pharatoi ar gyfer un arall. Rhaid gofyn: Sawl un sydd yn dymuno cael profiadau tebyg? Rhaid gofyn hefyd, fel y gofynnodd Evan Roberts i'r dyrfa fawr yn Llanfair Pwyllgwyngyll ar 3 Gorffennaf 1905: 'A yw Iesu Grist yn werth ei dderbyn?'

Llythyr Evan Roberts at etifeddion y Diwygiad ym Môn

Ni allasai Evan Roberts ymddihatru o hud a lledrith ei brofiadau ym Môn, ac yn Ionawr 1937 anfonodd gyfarchiad o Gaerdydd at 'Saint annwyl Sir Fôn' fel y'u galwai. Dyma'i neges olaf atynt ac fe'i dyfynnir i gloi'r gyfrol hon gan ei bod yn nodweddiadol o arddull Evan Roberts:

> Wrth sôn am ddiwygiad, y duedd yw meddwl am y llawer yn hytrach nag am yr ychydig; meddwl am wynt nerthol yn fwy nag am 'awel o Galfaria Fryn'. Dychmygir am ddilyw yn fwy nag afon dawel ac araf ei rhediad. Meddylir am 'fôr yn llanw' yn fwy nag am 'gawod hyfryd yn y bore, ac un arall y prynhawn'. Cofir am yr aberth yn well nag am ddydd y peth bychain. Breuddwydir am wleddoedd, gan ddewis anghofio 'trwy chwys dy wyneb y bwytei fara'. Ac edrychwn am ardd flodau, ie, gardd ddyfradwy, gan flino adrodd stori'r gwreiddyn o dir sych. Nid ymdrech a fynnwn, eithr ysgafnder ymdaith mewn cwch a gludir gan y *tide*.
>
> Mewn un ystyr, pen draw'r daith yw dyfodiad 'diwygiad'. Mewn ystyr arall, rhodd Duw ydyw. Saif y gwir yng nghyplysiad y ddau. Y mae hyd yn oed i ddiwygiad 'dadau ysbrydol', canys hwynt-hwy a ddygasant feichiau i esgor ar feibion a merched ysbrydol. Ac wrth weithio i baratoi ffyrdd diwygiad byddai'n dda cofio bod holl adnoddau Duw a'r cread mawr at wasanaeth yr eglwys.

Beth ydych chwi, bregethwyr Môn? Onid *artists* yr Iôr ydych? Mae gennych y *canvas* gorau – *canvas* y meddwl a olchwyd mewn gwaed; a'r lliwiau drutaf sydd i chwi – lliw ardderchowgrwydd Efengyl Crist; a'r eisteddwr sydd yn eich *studio* yw eisteddwr mwyaf yr oesau – neb llai nag Oen y Nef. Y *Royal Sitter* yw Crist Iesu yr Arglwydd. Yn awr, pa fath Grist a roir ar y *canvas* yn y flwyddyn 1937? Hyderaf y bydd yn un cywir a da, ac yn ôl traddodiadau gorau gwŷr glew y Gair ym Môn. Croger ef yn dda o flaen edrychiad union gŵr; a thry wedi hynny yn atynfa drawiadol yn *Academy* profiadau'r genhedlaeth hon – Evan Roberts.

Ystyrid erbyn heddiw bod dwy rhan o dair o'i gyfarchiad yn flodeuog ond yn ei ddydd yr oedd yr arddull hon yn ddigon derbyniol. Mae'r cwestiynau a ofynnodd Evan Roberts yn dal yn berthnasol tra bo cyfran dda o'i anerchiadau heb eu gwreiddio yn yr Ysgrythurau. Ond gwn un peth, mae angen adfywiad grymus ar ein capeli a'n heglwysi fel Cymry Cymraeg yn 2005. Ein pennaf angen yw gweddïo bob cyfle a gawn, a chlywir y dwthwn hwn ddyhead am brofi mwy fyth o Ysbryd Crist. Dywedodd y Parchedig W. Bryn Williams, Y Bala, mewn cynhadledd yn Nhrefeca:

> Mae awydd angerddol i weddïo yn gallu bod yn arwydd fod diwygiad yn agos. Ond rhaid i'n gweddïo gyd-redeg gyda'n ffordd o fyw a gyda'n perthynas â'r byd.[52]

Anweswn ei eiriau wrth gofio cyfraniad Evan Roberts a'i gyd-weithwyr ym Môn yn haf gwresog 1905.

* * *

NODIADAU

1 Huw Llewelyn Williams, *Thomas Charles Williams*, Caernarfon, 1964, t. 61. Enghraifft dda o ddiwygiwr a dirwestwr oedd John Owen (ap Glaslyn, 1857–1934), mab Richard Jones Owen (Glaslyn, 1831–1909) ac Elen Jones. Areithiwr Dirwest ac efengylydd yn Niwygiad 1904-05 oedd ap Glaslyn. Cyfansoddodd eiriau a thonau ac yn ystod y Diwygiad medrai siglo cynulliadau ym Môn ac Arfon wrth eu canu. Gweler, Idwal Lewis, 'John Owen, ap Glaslyn', 1857:1934, yn *Y Bywgraffiadur Cymreig hyd 1940*, Llundain, 1953, t. 677.

2 Huw Llewelyn Williams, op. cit., t. 63. Yn ôl cofiannydd Dr T. C. Williams, 'adnewyddwyd gardd yr Arglwydd'.

3 Hugh Owen (Gol.), *Braslun o Hanes MC Môn*, 1880–1935, *Lerpwl*, 1937, t. 105.

4 Ibid.

5 Ibid., t. 186.

6 Ibid., tt. 119–20.

7 Ibid., t. 233.

8 Ibid., t. 239.

9 Huw Llewelyn Williams, op. cit., t. 71.

10 Hugh Owen, op. cit., t. 241.

11 Ibid., t. 246.

12 Ibid.

13 John Lasarus Williams, *Syr John Morris-Jones 1864–1929*, Llanfair-pwyllgwyngyll, 2000, t. 30.

14 Ibid.

15 Hugh Owen, ibid., t.266.

16 Ibid., t. 269.

17 Ibid., t .270.

18 Ibid., t. 275.

19 Ibid., tt. 278–9.

20 Ibid., t. 279.

21 Ibid., tt. 283–4.

22 Ibid., t. 312.

23 Ibid., t. 326.

24 Ibid., t. 337.

25 Ibid., t. 341.

26 Ibid., t. 343.

27 Emlyn Richards, *Yr Ardal Wyllt: Atgofion am Lanfairynghornwy*, Lerpwl a Llanddewibrefi, 1983.

[28] Hugh Owen, ibid., t. 351.

[29] Ibid., tt. 362–3.

[30] Ibid., t. 376.

[31] E. Tegla Davies, *Gyda'r Blynyddoedd*, Lerpwl, 1953, t. 124.

[32] Huw Llewelyn Williams (Gol.), *Braslun o Hanes Methodistiaeth Galfinaidd Môn 1935-1970*, Dinbych, 1977, t. 72.

[33] Ibid., t. 100.

[34] Ibid., t. 33.

[35] Ibid., t. 231.

[36] Ibid., t. 270.

[37] Ibid., t. 109.

[38] Ibid., t. 139.

[39] Gweinidog Pentre Gwyn, 'Nodion ar y Diwygiad', *Yr Herald Cymraeg*, Gorffennaf 4, 1905, t. 8.

[40] Bu un o ddeallusion pennaf ymneilltuaeth, sef Dr Lewis Edwards, y Bala, yn pwysleisio gwerth a chyfraniad y bardd i'r ffydd. Dyma'i eiriau:

> Pe bai y beirdd yn ystyried mawredd eu swydd, a'r cyfrifoldeb sydd yn perthyn iddi, hwy a arswydent rhag camddefnyddio eu talentau.

Daeth llu o ladmeryddion y Diwygiad yn feirdd-bregethwyr. Yn wir byddai Evan Roberts ei hun yn llunio telynegion ac emynau bob cyfle a gâi. Islwyn oedd un o'u harwyr.

[41] Da fyddai darllen ysgrif Thomas Parry, 'Y Bardd Newydd Newydd: Rhai Sylwadau Pryfoclyd' yn *Amryw Bethau*, Dinbych, 1996, tt. 105–115.

[42] D. Gareth Evans, *A History of Wales 1815–1906*, Caerdydd, 1989, t. 239.

[43] Huw Llewelyn Williams, *Thomas Williams Gwalchmai*, Caernarfon, 1961, t. 57.

[44] Ibid., t. 58.

[45] Ibid.

[46] Yn ôl Thomas Charles Williams, 'gŵr syml, tawel oedd Evan Roberts yn rhoi'r pwys mawr iawn ar arweiniad yr Ysbryd Glân'. Gweler Huw Llewelyn Williams, op. cit., Caernarfon, 1964, t. 62. Mewn cyrddau bychain y gwelodd E. Morgan Humphreys ef ar ei orau, yn eglwys y plwyf, Llanddona, ar fin y Traeth Coch ym Môn. 'Y ficer ac Evan Roberts yn siarad a Dr John Williams yn darllen y llithoedd'. Gweler E. Morgan Humphreys, 'Evan Roberts 1878–1951', yn *Gwŷr Enwog Gynt* (Yr Ail Gyfres) Aberystwyth, 1953, t. 106.

47 Huw Llewelyn Williams, *Thomas Williams Gwalchmai*, Caernarfon, 1961, tt. 31–2.

48 E. Morgan Humphreys, op. cit., t. 108.

49 Ibid., t. 104.

50 William George, *Atgof a Myfyr*, Wrecsam, Caerdydd a Chroesoswallt, 1948, t. 139.

51 Sonia'r llenor crefftus, y Parchedig E. P. Roberts, Penygarnedd, am oedfa fawr a gafodd un o 'dadau ysbrydol' y Diwygiad yn Sasiwn Amlwch yn 1906. Pregethai'r Parchedig Joseph Jenkins ar ôl y Parchedig S. T. Jones, y Rhyl, ar adnod 14 o Efengyl Mathew, Pennod 27, ar thema 'Yr Iesu Distaw'. Dywed y llygad-dyst, Rhydlad: 'Cynyddai'r dylanwad, ac ymhell cyn i'r cennad orffen cyflwyno ei genadwri torodd yn orfoledd cyffredinol'. Gweler Hugh Owen (Gol.), *Braslun o Hanes MC Môn 1880–1935*, Lerpwl, 1937, tt. 38–39, 52–3.

52 Ted Huws, 'Bywha Dy Waith, O Arglwydd', *Y Goleuad*, Cyfrol CXXXII, Rhif 20, Mai 14, 2004, tt. 1–2.

ATODIAD I

Rhai o ganiadau Diwygiad 1904-05 ym Môn

1. O! anfon di yr Ysbryd Glân: *Caneuon Ffydd* 568; tôn – 'Bangor', 479

O anfon di yr Ysbryd Glân,
  yn enw Iesu mawr
a'i weithrediadau megis tân –
  O deued ef i lawr!

Yn ôl d'addewid fawr ei gwerth,
  O Arglwydd, tywallt di
dy Ysbryd Sanctaidd gyda nerth
  i weithio arnom ni.

O'th wir ewyllys deued ef
  i argyhoeddi'r byd
ac arwain etifeddion nef
  drwy'r anial maith i gyd.

Yn ôl d'addewid, Iesu mawr,
  yr awron anfon di
y gwir Ddiddanydd yma i lawr
  i aros gyda ni.

John Hughes, 1775–1854

2. O Iesu Mawr, rho d'anian bur: *Caneuon Ffydd* 686; tôn – 'Llef', 567

O! Iesu mawr, rho d'anian bur
i eiddil gwan mewn anial dir,
i'w nerthu drwy'r holl rwystrau sy
ar ddyrys daith i'r Ganaan fry.

Pob gras sydd yn yr Eglwys fawr,
fry yn y nef, neu ar y llawr,
caf feddu'r oll, eu meddu'n un,
wrth feddu d'anian di dy Hun.

Mi lyna'n dawel wrth dy draed,
mi ganaf am rinweddau'r gwaed,
mi garia'r groes, mi nofia'r don
ond cael dy anian dan fy mron.

David Charles, 1762–1834.

3. Yn y Dyfroedd Mawr: *Caneuon Ffydd* 736;
tôn – 'Ebeneser' – (tôn y Botel), 168

Yn y dyfroedd mawr a'r tonnau,
  nid oes neb a ddeil fy mhen
ond fy annwyl Briod Iesu
  a fu farw ar y pren:
cyfaill yw yn afon angau,
  ddeil fy mhen i uwch y don;
golwg arno wna im ganu
  yn yr afon ddofon hon.

O anfeidrol rym y cariad,
  anorchfygol ydyw'r gras,
digyfnewid yw'r addewid,
  bery byth o hyn i maes;
hon yw f'angor ar y cefnfor,
  na chyfnewid meddwl Duw;
fe addawodd na chawn farw,
  yng nghlwyfau'r Oen y cawn i fyw.

Dafydd William, 1721?–94

4. Dyma Gariad: *Caneuon Ffydd* 205; tôn – 'Hyfrydol', 218

Dyma gariad fel y moroedd,
  tosturiaethau fel y lli;
T'wysog bywyd pur yn marw,
  marw i brynu'n bywyd ni.
Pwy all beidio â chofio amdano?
  Pwy all beidio â thraethu'i glod?
Dyma gariad nad â'n angof
  tra bo nefoedd wen yn bod.

Ar Galfaria yr ymrwygodd
  holl ffynhonnau'r dyfnder mawr,
torrodd holl argaeau'r nefoedd
  oedd yn gyfan hyd yn awr:
gras a chariad megis dilyw
  yn ymdywallt yma 'nghyd,
a chyfiawnder pur a heddwch
  yn cusanu euog fyd.

Gwilym Hiraethog 1802–83

5. Duw Mawr y Rhyfeddodau: *Caneuon Ffydd* 216;
tôn – 'Rhyd-y-Groes' 180 a 'Huddersfield'

Duw mawr y rhyfeddodau maith!
rhyfeddol yw pob rhan o'th waith,
ond dwyfol ras, mwy rhyfedd yw
na'th holl weithredoedd o bob rhyw:
pa dduw sy'n maddau fel tydi,
yn rhad ein holl bechodau ni?

O maddau'r holl gamweddau mawr
ac arbed euog lwch y llawr;
tydi yn unig fedd yr hawl
ac ni chaiff arall ran o'r mawl;
pa dduw sy'n maddau fel tydi,
yn rhad ein holl bechodau ni?

O boed i'th ras anfeidrol, gwiw
a gwyrth dy gariad mawr, O Dduw,
orlenwi'r ddaear faith â'th glod
hyd nefoedd, tra bo'r byd yn bod:
pa dduw sy'n maddau fel tydi
yn rhad, ein holl bechodau ni?

Samuel Davies, 1723–61
cyf. J. R. Jones, 1765–1822

6. Y Gŵr wrth Ffynnon Jacob: *Caneuon Ffydd* 328;
tôn – 'Bryniau Casia', 268

Y Gŵr wrth Ffynnon Jacob
eisteddodd gynt i lawr,
tramwyodd drwy Samaria,
tramwyed yma nawr;
'roedd syched arno yno
am gael eu hachub hwy,
mae syched arno eto
am achub llawer mwy.

Mwy, mwy,
am achub llawer mwy,
mae syched arno eto
am achub llawer mwy.

Thomas William, 1761–1844

7. Hen Rebel Fel Fi: *Sacred Songs and Solos* 906;
tôn – 'A Sinner like Me!'

Bûm gynt ar goll heb Waredwr,
Doedd neb yn aflanach na mi,
A phetrusais os gallai'r Pryniawdwr
Fyth achub hen Rebel fel fi.

Mi grwydrais ymlaen mewn tywyllwch,
Ni chododd yr haul arnaf fi;
A llanwyd fy mynwes gan dristwch,
Does dim gobaith i Rebel fel fi.

Ar hyn, er tywylled y fagddu,
Daeth llais tyner mwyn ataf fi,
Meddai, 'Edrych i'r Groes – dyna allu,
I achub hen Rebel fel ti.'

Gwrandewais, ac O! Iesu anwylaf
Siaradai mor fwyn wrthyf fi;
Rhoddais lef, 'Fi yw'r pechadur pennaf,
Elli achub hen Rebel fel fi?'

Ymddiriedais yn llwyr yn yr Iesu
Ac O! newydd hoen ddaeth i mi;
Fy nghalon gan glod oedd yn llamu
Am achub hen Rebel fel fi.

Nid yn hwy mewn tywyllwch rwy'n crwydro,
Disgleiria yr haul arnaf fi;
A nawr i rai eraill rwy'n tystio
Fel achubodd hen Rebel fel fi.

A phan y cyrhaeddaf y nefoedd,
A gweld fy Ngwaredwr mewn bri;
Mi ganaf Ei glod yn oes oesoedd
Am achub hen Rebel fel fi.

Llynfi Davies

8. Canwyd yr emyn adnabyddus *Throw out the life-line* am y tro cyntaf yng nghapel Moriah, Casllwchwr ar 12 Tachwedd 1904. Gweler D. H. Phillips, *Evan Roberts a'i waith*, 285.

Throw out the life-line across the dark wave,
There is a brother whom someone should save,
Somebody's brother! Oh, who then will dare
To throw out the life-line, his peril to share?

Throw out the life-line!
Throw out the life-line!
Someone is drifting away.
Throw out the life-line!
Throw out the life-line!
Someone is sinking today.

Throw out the life-line with hand quick and strong.
Why did you tarry, why linger so long?
See! he is sinking, Oh, hasten today
And out with the lifeboat! Away, then, away.

Throw out the life-line to danger fraught men
Sinking in anguish where you've never been.
Winds of temptation, and billows of woe
Will soon hurl them out where the dark waters flow.

Soon will the season of rescue be o'er,
Soon will they drift to eternity's shore;
Haste, then, my brother, no time for delay,
But throw out the life-line and save them today.

* * * * * * *

Where is my wand'ring boy tonight –
The boy of my tenderest care,
The boy that was once my joy and light,
The child of my love and prayer?
Oh, where is my boy tonight?
Oh, where is my boy tonight?
My heart overflows for I love him, he knows!
Oh, where is my boy tonight?

Once he was pure as morning dew
As he knelt at his mother's knee;
No face was so bright, no heart more true,
And none was so sweet as he.

Oh, could I see you now, my boy,
As fair as in olden times,
When prattle and smile made my home a joy,
And like was a merry chime.

Go for my wand'ring boy tonight,
Go, search of him where you will,
Bring him to me with all his blight,
And tell him I love him still!

Tell him that Jesus loves him too,
And is waiting to bring him home,
He surely will yield to Love so true,
Oh, plead with him now to come!

Sacred Songs and Solos, Sankey & Moody

ATODIAD II

Dywediadau Evan Roberts

Diogelwch nerth yw gweddi.

Un glust enillodd Pedr gynt drwy gleddyf llym a chas: Ond fe enillodd dros dair mil drwy gleddyf Duw a Gras.

Nid myfi sydd yn cario yr Efengyl, eithr yr Efengyl sydd yn fy nghario i.

Nid bedd yw byd y Cristion, ond gardd, er fod ynddi chwyn lawer.

At y Parchedig Robert Jones, Rhosllannerchrugog, 25 Gorffennaf 1905, o Landrindod, Maesyfed:

> Meddyliais pan yn Sir Fôn i alw yn y Rhos ar fy ffordd gartref, ond nid hynny ydoedd ewyllys Duw.

Angen ac nid adferiaid a'th wna yn weddïwr.

Ufudd-dod ydyw llwybr bywyd.

Gweddi ddirgel ydyw gwanwyn bywyd.

Mae eiddigedd yn tramwyo gerddi'r Iesu gan sathru blodau prydferthaf y garddwr dwyfol.

Un peth yw dangos gwroldeb, peth arall yw dangos doethineb.

Y mae gan y rhagrithiwr wyneb angel ond ysbryd cythraul.

Paid myned yn bregethwr os nad wyt yn weithiwr.

Diolch am sandalau efengyl Iesu, daliasant heb dreulio.

Yr wyf yn rhoddi y gogoniant iddo Ef.

Ac eto nis gallaf beidio diolch, er y byddai yn well gennyf fod o'r golwg.

Gellir yn ddiragrith ddweud, 'Bendith ar waith sydd yn onest'.

Hir oes i ti, a gwened Duw arnat drwy ffenestri Calfaria.

Nid oes dim fel Croes ein Iesu i doddi y calonnau caletaf.

Nid da aros i feirniadu
Lle plyg yr angen i addoli!

Dangoswch y Gwaredwr i'r bobl.
Nid yw yr Ysbryd Glân yn gwobrwyo diogi.

Diolch fod Duw yn Dduw yr amynedd, onide ni fuasai gobaith i bechaduriaid mawrion.

Mae rhai yn dringo heb fyned yn uwch; tra eraill yn esgyn er aros mewn llwch!

Y mae y mynyddoedd yn uchel, ond
Y mae fy ngobaith yn uwch;
Y mae y mynyddoedd yn gedyrn, ond
Y mae fy ffydd yn gadarnach;
Diflanna y mynyddoedd; ond Duw
Ni ddiflanna byth.

Y mae'r Iesu yn galw pawb o dywyllwch i'w ryfeddol oleuni Ef.

Y foment y cyfarfyddwch chwi â Christ, byddwch ar dân; ni ellwch lai na siarad.

Yr ydym yn parchu y Tad, yr ydym yn parchu y Mab, pa bryd yr ydym yn parchu yr Ysbryd?

Os ufuddhaodd Abraham heb fawr o wybodaeth am Dduw, oni ddylem ni ufuddhau, sydd wedi cael cymaint o ddadguddiad?

Rhaid i bawb gael eu llenwi ag Ysbryd yr Arglwydd os ydynt i dynnu dynion atynt.

Gwastraff amser i gyd yw gweddïo am faddeuant, heb faddau i eraill.

Amcan yr eglwys, a dyfod i'r capel, yw addoli; ond os oes gan ryw frawd neu chwaer gŵyn yn dy erbyn, gad dy rodd gerbron yr allor.

Mae Crist wedi gwneud cymod rhwng Duw a dyn; rhaid i ninnau gael cymod â'n gilydd.

Mae yr eglwys fry mewn perffaith heddwch; rhaid i ninnau fod mewn heddwch ar y llawr.

Tywysog Tangnefedd yw ein Tywysog ni.

Rhaid carthu allan bob drwg ysbryd o'r eglwysi – pob llid, eiddigedd, rhagfarn, pob anghydweledіad.

Wrth osod fy mhen i bwyso ar obennydd bob nos, yr wyf yn cofio am UN oedd heb le i osod ei ben i lawr.

Yr oeddwn i ar dân eisiau mynd ati i ddeffro eglwysi Cymru, ond chefais i ddim mynd am o dair wythnos i fis i ddysgu y wers fawr o roi y gogoniant i Dduw.

Mae Duw yn llanw pob lle; y nesaf hefyd, cofia – mae yn nes na'r hwn sydd yn dy ymyl yn yr un sedd â thi.

Os nad ydym yn gallu gorfoleddu, nid ydym wedi cael y wedd uchaf ar grefydd.

Os ydych chwi yn anufudd, gofynnwch iddo am eich plygu; nid eich achub yn awr, ond eich plygu.

Faint gwell fyddwch o gael y gweinidogion a'r diaconiaid i blygu, a mwyafrif yr eglwys yn methu syrthio wrth Ei draed?

Os nad ydych yn fodlon i Dduw eich plygu, bobl, gwell i chwi beidio bod ar enw eglwys.

Yr wyf yn cofio amdanom yn Blaenannerch: fe'n plygwyd, ond llaw cariad oedd yn plygu.

Y Beibl

Y ffordd i barchu hwn yw ei ddarllen. A oes llwch ar eich Beibl gartref? Os oes, y mae llwch ar eich enaid hefyd.

Pan gewch olwg ar Grist fel eich Gwaredwr, chwi fyddwch yn newynu a sychedu am ddarllen y Beibl, chwi fyddwch yn torri dros bob rhwystr i ddarllen y gair.

Wyddoch chi, bobl, os oes yna rywun yn parhau i wrthod Crist, a'i wrthod hyd y diwedd, fe gwyd y lleidr ar y groes yn y farn yn eich erbyn?

Tair rhodd fawr Duw i'r byd ydynt – ei Fab, y Beibl, a'r Ysbryd Glân.

Gwell clwyf gan y gwir na gwledd gan y gau.

Gweledigaeth ar ddechrau'r Diwygiad:
O'm blaen gwelwn gannwyll yn llosgi; yn y cefn, haul yn codi mewn ardderchowgrwydd dwyfol. Beth yw y dehongliad? O'i gymharu â'r hyn a fydd efe, nid yw y Diwygiad yn awr ond megis goleuni cannwyll.

Yr olygfa: dau geffyl, un gwyn a'r llall yn goch. Yr oedd y ddau yn myned ar garlam. Am ddehongliad edrychwch yn Llyfr y Datguddiad, Pennod 6, adnodau 2 a 6.

> Edrychais, ac wele geffyl gwyn; yr oedd gan ei farchog fwa; rhoddwyd iddo goron, ac fe aeth allan fel concwerwr i ennill concwest ... Clywais sŵn fel llais o ganol y pedwar creadur byw yn dweud: 'Cyflog diwrnod am chwart o wenith, cyflog diwrnod am dri chwart o haidd; ond paid â difetha'r olew na'r gwin'.

Yn awr peidiwch â dweud 'Dichon y daw yr Ysbryd' neu 'Gobeithio y daw yr Ysbryd', eithr dywedwch, 'Credwn y daw.'

Nis gallwch i weled a chlywed y 'llanc gwallgof'. Diolch i Dduw fod y 'llanc gwallgof' yn llaw yr Ysbryd wedi bod yn foddion i fwrw i'r llawr lawer o gestyll pechod.

Rhaid i bob un yn y cyfarfod weddïo:
1. Anfon yr Ysbryd yn awr, er mwyn Iesu Grist.
2. Anfon yr Ysbryd yn awr yn rymus, er mwyn Iesu Grist.
3. Anfon yr Ysbryd yn fwy grymus, er mwyn Iesu Grist.
4. Anfon yr Ysbryd yn rymusach, er mwyn Iesu Grist.

Ysgydwch ymaith y difrifwch mynwentaidd yma, a byddwch lawen, fythol lawen; rhaid i ni ddangos i'r byd ein bod yn ddedwydd, a'r sicrwydd bendigedig yma o Gadwedigaeth.

Yr hen stori oedd 'Gobeithio fy mod yn gadwedig' tra y gallwn ni ddweud 'gwn fy mod yn gadwedig'.

Mae Satan wedi crynhoi ei holl gatrodau.

Rhaid yw gogoneddu Crist.

Yr wyf yn wrol dros Grist ac yn llawen yng Nghrist.

ATODIAD III

DARLLEN PELLACH

Eifion Evans, *Diwygiad Crefyddol 1904-05*, (Pen-y-bont ar Ogwr, 2002).

Sidney Evans a Gomer M. Roberts (goln), *Cyfrol Goffa Diwygiad 1904-05* (Caernarfon, 1954).

Noel Gibbard, (gol), *Nefol Dân: Agweddau ar Ddiwygiad 1904-05* (Pen-y-bont ar Ogwr, 2003).

R. Tudur Jones, 'Ffydd ac Argyfwng Cenedl', *Dryswch a Diwygiad*, Cyfrol 2, (Abertawe, 1982).

R. Tudur Jones, *Tân ar Yr Ynys* (Caernarfon, 2004).

D.M. Phillips, *Evan Roberts a'i Waith* (Dolgellau, 1912).

D. Ben Rees, *Ymweliad Mr Evan Roberts ag Ynys Môn ym mis Mai, Mehefin a Gorffennaf 1905* (Llangoed, 2004).

MYNEGAI

i) **Personau**

ii) **Pynciau**

iii) **Lleoedd yng Nghymru**

Capel Tŷ Rhys, Llangoed, Môn.
The Tŷ Rhys Chapel, Llangoed, Anglesey.

Pulpud hardd Capel Tŷ Rhys a'r sêt fawr.
The pulpit and the alter of Tŷ Rhys Chapel.

Paratoi anerchiad i'r Diwygiad.
Preparing a homily for a Revival meeting.

Y Diwygiwr a nifer o'r unawdwyr o fro ei febyd a Gorseinon.

Mr. Evan Roberts and the female revivalists from Loughor and Gorseinon.

Evan Roberts yng nghwmni y gwleidyddion, David Lloyd George a Syr Alfred Thomas (1840-1927), Bedyddiwr adnabyddus.

Evan Roberts in the company of Welsh politicians, David Lloyd George and Sir Alfred Thomas (1840-1927), a well-known Welsh Baptist leader.

Darlun braf o David Lloyd George gyda Evan Roberts adeg cenhadaeth Môn.

An appropriate photograph of David Lloyd George and Evan Roberts during the Anglesey mission.

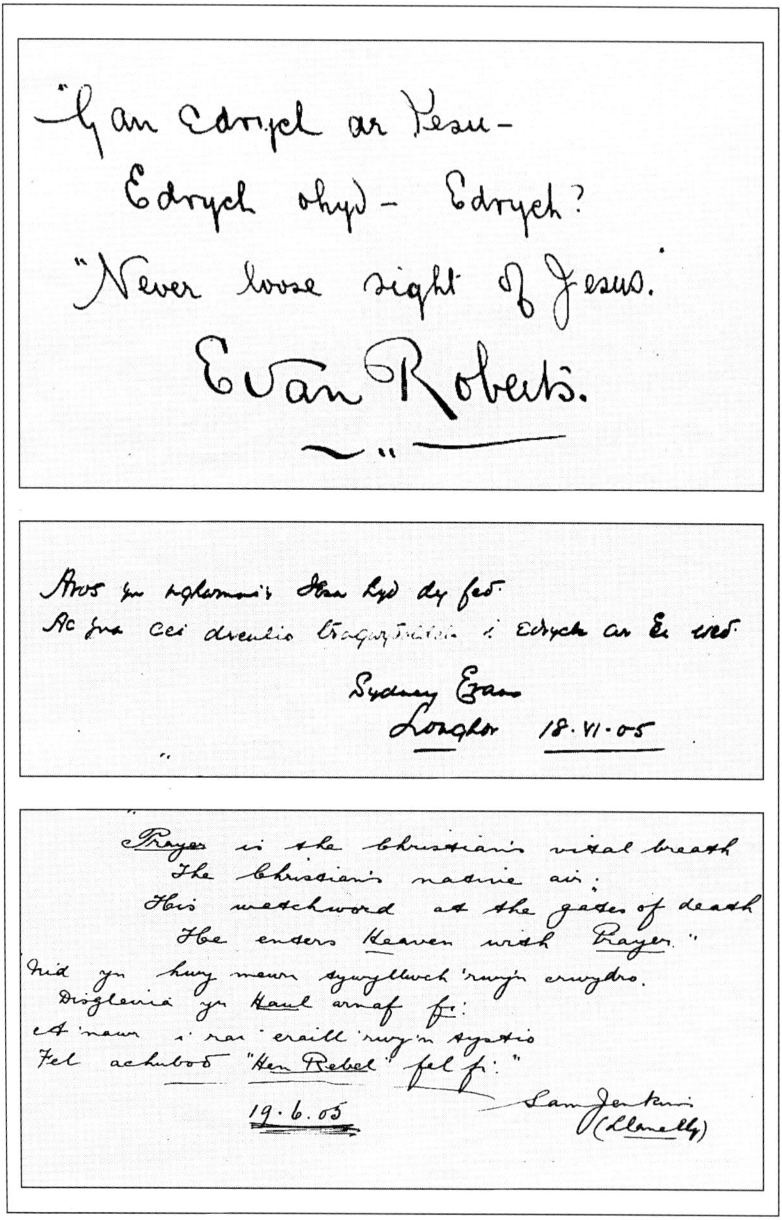
"Gan Edrych ar Iesu –
Edrych o hyd – Edrych?
"Never loose sight of Jesus.
Evan Roberts.
~"

Aros yn nglesni'r Iesu hyd dy fedd
Ac yna cei dreulio tragwyddoldeb i Edrych ar Ei wedd.
Sydney Evans
Loughor 18.VI.05

"Prayer is the Christian's vital breath
The Christian's native air;
His watchword at the gates of death
He enters Heaven with Prayer."
Nid yw hwy mawr dywyllwch 'rwy'n crwydro.
Disgleiria yr Haul arnaf fi:
A nawr i rai eraill rwy'n tystio
Fel achubodd "Hen Rebel" fel fi:"
19.6.05
Sam Jenkins
(Llanelly)

Ysgrifen Evan Roberts a dau ffrind cywir, Sydney Evans a Sam Jenkins.

The handwriting of Evan Roberts and two loyal friends, Sydney Evans and Sam Jenkins.

Evan Roberts ar ei feic ar yr un o strydoedd Cemaes, Môn.
Evan Roberts on his bicycle on one of the streets of Cemaes, Anglesey.

Evan Roberts a'u gynorthwywyr yn cyrraedd y pentref enwog ym Môn.
The arrival of Evan Roberts and his helpers at Llanfairpwllgwyngyll.

REVIVAL OF 1904-5

Revival of 1904-5

The Visit of
Evan Roberts
to Anglesey
in 1905

D. Ben Rees

First Edition: June 2005

ISBN 0 901332 70 4

Printed by Gwasg y Bwthyn, Caernarfon
Published by Tŷ Rhys Chapel, Llangoed

Presented to four generations of the Morris family of Anglesey who appreciated the Evan Roberts Mission,
namely
Owen Morris (1888-1966), Llanddaniel Fab,
who experienced the Revival,
and his son Evan Morris
and his grandson
Revd John Morris, the present minister of
Tŷ Rhys Chapel, Llangoed
and his sons
Rhys and Llŷr Morris, Llanddaniel Fab

Owen and Mary Morris, Llanddaniel Fab,
Children of the Revival.

Contents

Preface

This book came out of a Welsh language lecture that I delivered at Capel Tŷ Rhys (Presbyterian Church of Wales), Llangoed, Anglesey, dealing with the visit of Evan Roberts to Anglesey in May, June, and July 1905, under the chairmanship of the Minister, the Revd John G. Morris, B.D. That lecture was published in a bilingual booklet by the Chapel in September 2004 (ISBN 0 901332 67 4) and it has been distributed to all those who came along to the lecture and elsewhere. The need for a bilingual book arose from the feedback received following the publication of the booklet.

Evan Roberts appreciated his visit to Anglesey. Though Gwasg Gwynedd have published a Welsh-language book by the late Principal Dr R. Tudur Jones of Bangor before Christmas 2004, on the same theme, my own account is based on many different sources, namely the interpretations of the visit as seen by different newspaper reporters as well as a large number of secondary sources not used in the Welsh language account. I am indebted to the Revd John G. Morris for his enthusiastic support and I present this book in memory as well as gratitude for four generations of the Morris family who have been true participants and loyal supporters of the Revival. The grandfather experienced the Revival of 1904-5 in Anglesey, the son has kept the Revival saga in his heart at Llanddaniel Fab, while his son the Revd John G. Morris as well as his two sons have been instrumental in ensuring that this book sees the light of day. I am grateful to my friend Dr W.T. Rees Pryce, Cardiff, for his suggestions as to the contents of the English-language version.

Diolch yn fawr.

D. Ben Rees,
Liverpool

1 February 2005

CHAPTER I

The Background of the Mission

One can state without any fear of contradiction that Evan Roberts greatly enjoyed and valued his Mission to Anglesey in June and July of 1905. By the time he had arrived in Anglesey already he was a very important figure in the history of Wales, and a source of great attraction wherever he went.[1] People flocked from every village to see him, hoping that he would speak a message of hope and enthuse them. The young coal miner, 26 years of age, had changed the religious landscape of Wales within nine months; and, by the time Evan Roberts arrived in Anglesey, there were all kinds of souvenirs and mementos to assist his crusade. He was not responsible for these but enterprising small businesses saw a golden opportunity of earning extra cash. They produced a badge showing his photograph. This was sold from the offices of the Presbyterian Church of Wales weekly newspaper, *Y Goleuad* in Caernarfon while the company of G. Glasstone at 145 Smithdown Road, Liverpool, sold a first class photograph of the Revivalist for ten pence with no extra cost for packing and posting.[2]

Evan Roberts was a celebrity in his own right, and a great deal has been written on him. He fascinates me as he is such an enigmatic figure, and one can state at least two generalisations with regard to his valuable contribution. Firstly, he was steeped in the life of a Nonconformist in the Victorian era. Brought up in a working-class miner's home he concentrated all his efforts on the rich, sustaining spiritual life which was based on Bible reading and Bible study, on prayer, on hymn singing and on listening to the preaching of the Gospel. At Moriah Chapel, Loughor he would hear the preaching of Calvinistic Methodist pastors Sunday after Sunday until, in the end, he himself decided to consecrate his own life as a minister of religion. This was his preparation as a Revivalist for he only spent some three weeks in study at the preparatory school in Newcastle Emlyn. Secondly, he was not the person who started the Religious Revival of 1904-5. The Revival began in the small seaside village of New Quay on the Cardiganshire coast. The Revd Joseph Jenkins, and his nephew the Revd John Thickens, who ministered in nearby Aberaeron, were the main instigators of the Revival. Evan Roberts was one of many Revivalists. The mystery of it all is that he became the most loved of all the Revivalists and everyone, even those who had much more experience than him, came to regard him as the mouthpiece of God in the Welsh Revival of 1904-5. The Revival flourished when Evan Roberts was not in the meeting or locality, but if he happened to be in the village or the town, he became immediately the centre of the attraction. There is no doubt that sometimes he overplayed his popularity by being too domineering or being too critical, or giving the impression that he was an expert on telepathy. But on the whole he did it well, considering the expectations of him. He also dealt with the journalists in style, much more professional than most Welsh religious leaders who followed him. How is he to be seen from the viewpoint of our day? Universal education facilities, a much better standard of living, an instant critical television and radio coverage, social enhancement, changes in social standing and class structures and a greater distribution of wealth with an enlightened awareness of life and much more confidence (and less social deference) means that conditions in 2005 in Wales and Anglesey are very, very different to those that prevailed in Edwardian Wales. That is why another Religious Revival has to take into consideration the different standard of life that we enjoy today to those of our forefathers in the company of Evan Roberts, a hundred years ago. But one has to remember that we cannot ignore our historical heritage and the need to experience God's power in our generation.

Evan Roberts was coming to a county that, already, had experienced a number of Revivals. After all, the nineteenth- century pulpit giant, John Elias, had been an influential figure in the history of Welsh Calvinistic Methodism and a vehicle for the Holy Spirit. He was one of Anglesey's extraordinary preachers. In 1829, J.R. Kilsby Jones described the scene at Lampeter in an Association Meeting, recording how the peasants and well-to-do farmers came on foot, on horseback and others in their carriages, to the market town to hear him. It was a scene not to be forgotten: young and old, men and women and children, wealthy landowners and poor tenants, all were determined to hear the preacher from Anglesey.[3]

This is a similar scene to what journalists saw in Anglesey the summer of 1905: large numbers on foot, others on horseback, others in carriages, some coming by train, and a good proportion of them were young people. But Anglesey had seen a large number of Revivals, from the Revival associated with Aberffraw in 1777, Brynsiencyn and the District in 1794, the whole Island in 1822, Newborough in 1840, the Revival of 1859 and 1860 and then the Richard Owen Revival in 1884 and 1885.[4] Only twenty years had elapsed since the Revival associated with the Anglesey born Revivalist, Richard Owen.

John Pritchard of Amlwch, a local historian of Methodism, describes Richard Owen as 'a strange man! Yes, he was a really strange man.'

According to Pritchard he was small in stature but a giant spiritually, but he stresses the strange aura that surrounded him, and repeatedly refers to him as, 'y dyn rhyfedd' (the strange man).[5]

Such a description also fits the personality of Evan John Roberts. Indeed, 'strange men' seem to have changed the nature of most of the chapels of the Island. The young man who electrified his congregations on the Island in 1905 was a strange man. One might apply what John Pritchard had said in his history of Calvinistic Methodism in Anglesey in 1888 of Richard Owen to Evan Roberts:

'His quaintness is a mystery to everyone but to God.'[6]

The revivalist aspect was important in the religious life of the county. Moody and Sankey's visit to Liverpool in 1874 had triggered a great interest and through the generosity of Mrs Annie Davies, Treborth, near Bangor, the only daughter of the saintly preacher of Liverpool, the Revd Henry Rees of Liverpool, who had arranged for all the ministers of Anglesey of every denomination to visit the crusade, as well as a number of elders.[7]

We need to remember, also, that there was a great affinity in the chapels of Anglesey with preachers from south Wales. The charismatic Baptist preacher, Christmas Evans, who became a hero to the Baptists of Anglesey, came from west Wales. Whenever Dr Cynddylan Jones, David Saunders, Edward Matthews, W.E. Prytherch, Swansea, came to visit the Calvinistic Methodists in Anglesey they were warmly welcomed.[8] At the beginning of 1905 the Baptist evangelist Revd R.B. Jones from Porth, in the Rhondda Valley, arrived. Throughout January he held a crusade on the Island.[9] From the beginning of the month until 12 January he held revival meetings in the Baptist Chapel of Hebron, Holyhead, with David Lloyd (1870-1927) and R.R. Hughes (1871-1957) ministering in similar meetings at the Old Station. The account has been preserved in the Baptist weekly paper *Seren Cymru* for 11 February 1905. Clearly, the impact of R.B. Jones on the people of the seaport was impressive. By 10 February the Nonconformist chapels of Holyhead had enrolled 200 new members. The village of Llanfachreth was the centre for the crusade of R.B. Jones from 13 to 18 January and the attenders of these meetings experienced the Holy Spirit in its fullness. It was somewhat different in the town of Llannerch-y-medd where R.B. Jones ministered for three days but the situation changed completely when a number of ministerial students from the Welsh Baptist College in Bangor came to assist. The authorities of the college were not amused but the support of the young students was a godsend. They saw 112 conversions within the three days after the arrival of the students. R.B. Jones did not find conversions so easily achieved in the town of Amlwch at the end of January but one must remember the success of another evangelist from south Wales, the Revd Joseph Jenkins at Amlwch. This charismatic evangelist R.B. Jones from the Rhondda Valley was given encouragement by the warm atmosphere of meetings that glorified Jesus in the Welsh Baptist Chapel of Llaneilian and the effects travelled outwards towards other villages and towns. Caergeiliog, Valley, Beaumaris, Brynsiencyn, Newborough, were all places where the seeds of the Revival was being sown by the pioneers, so much so that the poet-preacher from London, the Revd Elvet Lewis (better known in Welsh religious history as Elfed) could remind the readers of the *Y Cymro* (the Welshman) in the second week of March 1905 that 'Anglesey was nearly an Island to Christ.' Besides R.B. Jones, we need to fully acknowledge the work of Joseph Jenkins, the spiritual father of the 1904-5 Revival. He had been to Holyhead but it was in Amlwch that he was to have his greatest influence.[10] Through his ministry, 60 individuals were converted and enrolled at Bethesda Presbyterian Chapel in Amlwch, better known to everyone as *Capel Mawr*.[11] Joseph Jenkins was the essential link with Evan Roberts for he stirred a large number of chapel congregations to be enthusiastic for the Gospel. A good example of this was Moriah Presbyterian Chapel in Llangefni. Here, supported by the young women from his own chapel back in Newquay, Cardiganshire, who had travelled with him to testify to the power of the Gospel the Revd Joseph Jenkins created a great impact.[12] The south Wales lady evangelist Rosina Davies had already prepared the town of Llangefni during her crusade that had occurred earlier, between 21 and 26 February 1903. Later in November 1903, she remarked:

> There was a Revival of spirit in the churches, especially in North Wales. The indifference was passing and there was an earnestness, a desire for a deepening of the spiritual life.[13]

It seems that there was no chapel or church in Anglesey that had not already began to experience, in some way or other, the enriching fruit of the Revival before the coming of Evan Roberts in the summer of 1905. This, in itself, is of considerable significance. One can underline this generalisation by citing some of the enthusiastic leaders already to be found in individual chapels. In Gorslwyd Welsh Presbyterian Chapel one would meet a convert from the Richard Owen Revival, namely John Roberts, Yr Allt, who served as an elder from 1896 until his death in 1933.[14] He was known as 'John of the Gospel', the delightful disciple, and every religious gathering in Anglesey was blessed by his mature spirituality. Often, he attended meetings in one of the chapels cared for by his friend the Revd Richard Matthews of Nebo, who wrote extensively on the Revival in Anglesey.[15] A large number had come to the fellowship of the converted and thus qualified to sit around the Lord's Table on 3 April 1905. A similar person to John Roberts was Captain Hugh Jones of Seilo Welsh Presbyterian Church in the Amlwch District. He was Moderator of the Anglesey Presbytery in 1905. Hugh Jones urged every member of the congregation to pray:

> Pray for three minutes, if you carry on longer than this, the devil will come to claim your heart.[16]

And it became an unforgettable night on the second Saturday in January 1905, the climax of a week of prayer at the beginning of the New Year. The Heavenly Dove came in power, and the Revd Hugh Pugh of Aberffro testified that he had never glorified the Lord until he had visited Seilo Chapel. One has to note also that one of the converts of the 1859 Revival, William Williams, Llain Foi, was a devout member of Seilo Chapel and one of the outstanding prayer people of Anglesey.[17]

The Revival came to the area known as Penygarnedd at the

conclusion of the prayer meeting on a Sunday night in December 1904. Nearly every Sunday night from then onwards a prayer meeting was held. By the end of February 1905 fifteen had been converted to the Faith.[18] In Gaerwen Welsh Presbyterian Chapel one could meet Evan Parry, a blacksmith from Holland Arms, and a convert from the time of the Richard Owen Revival. His attitude was always to seek new disciples for Christ.[19]

The Llanfairpwllgwyngyll area was one of the first communities in Anglesey to experience the 1904-5 Revival. This happened as a result of a number of quarrymen from the village, who worked in the Penrhyn Quarry at Bethesda, having to seek work in valleys of south Wales. They returned to enjoy the Christmas holiday of 1904 with a large number of references to the miracles of grace in the Evan Roberts's meetings.[20] Their enthusiasm triggered a response in the local Nonconformist Chapels. The minister of Rhos-y-Gad Welsh Presbyterian Chapel, the Revd W.J. Williams, a powerful preacher himself, and a gifted lecturer, decided that he should respond to the situation. Though he loved order in the services he decided to experiment. He and his elders decided to give an opportunity to the young people, and before Evan Roberts came to Llanfairpwllgwyngyll in July 1905, at least 70 people had been admitted into the membership of Rhos-y-Gad Chapel and scores of others joined the other chapels and churches of the area.[21]

The Revival services took place at Rhos-y-Gad chapel on Sunday, 5 February 1905. The invited preacher, the Revd Eames Williams of Holyhead, had been on his knees in the *sêt fawr* from 5pm to 9pm. As his text, he only gave out the need to build a house of the Lord. On his way home, the Revd Evan Jones of Llangristiolus called in at Rhos-y-Gad and immediately involved himself in the prayers and the praise. Eleven Welsh men and women from there would become members of Rhos-y-Gad Chapel before the end of the night.

At the chapel known as Dothan one could have fellowship with a layman of extraordinary spirituality, namely William Jones, Talyllyn. He had the capacity to receive and transmit the glory of

God to mortal men and women. He had been converted in the 1859 Religious Revival and with Thomas Edwards, Groeslon (an elder since 1904) he guided the prayer meetings in Dothan Chapel in 1905. The Lord came in power when a farm servant, Robert Hughes, who laboured at Ty'n-y-Coed was praying. This is a graphic report of what happened under the guidance of Robert Hughes:

> It seemed as if he had passed beyond the veil and one could hear the noise of the bells from the pomogrand on his clothes. Every heart bursted, and there was tremendous glory as they ministered in the power of Jesus Christ.[22]

At Horeb Welsh Presbyterian Chapel, Llangristiolus, the influence of the Revival grew through the Saturday night prayer meetings. These were started by three young men, two of them who had heard Evan Roberts at Bethesda, the slate quarrying town in Caernarfonshire. The Revival arrived at Nasareth Welsh Presbyterian Chapel in Pentraeth in January 1905, a chapel that had heard Richard Owen delivering his last sermon on 16 February 1887. The spiritual vision came to Nasareth through the sermon of the Revd J. Mills Jones of Llannerch-y-medd. Two stayed in the Seiat at the end of the service, the beginning of the spiritual harvest.[23] Prayer is a mighty force. It is the greatest power in the world especially when it is strengthened by the love of Christ and through the blessing of the Holy Spirit. From January onwards prayer meetings were arranged regularly throughout the year at Nasareth Chapel.

The urge for the company of Evan Roberts, the man of prayer, was evident throughout Anglesey. One of those who wanted to see and hear him was the Revd Hugh Williams, Amlwch.[24] He had come under the influence of Joseph Jenkins and took part in the prayer meetings at Llofft-y-Felin, Llaethdy Bach, in Amlwch. Another preacher, W. Llewelyn Lloyd promised to travel with him to invite the Revivalist. Lloyd had heard him a few weeks earlier in Llansamlet, a small industrial town that stands between Skewen and Swansea. Both arrived at the railway station of Pontypool Road where they managed to find a copy of the *Western Mail* where they read that Evan Roberts suffered from bouts linked to his somewhat nervous disposition. From Pontypool Road they travelled to Cardiff and in the town centre they met with one of the leading lights of Welsh Presbyterianism in south Wales, the Revd Dr John Morgan Jones.[25] They understood that two other Anglesey-based ministers, the Revd John Williams of Hyfrydle Chapel, Holyhead, and the Revd John Evans of Holyhead were also on their way. Williams and Lloyd decided to travel on the Tuesday night to a Revival meeting in Llwynypia, part of the mining town of Tonypandy, where Dan Roberts, the brother of Evan Roberts, was conducting the service. The two from Anglesey were impressed with the statistics that they had gathered. One church numbered 120 members before the Revival but on the proceeding Sunday afternoon 950 adults and children had attended the Sunday School.

They decided to go from Cardiff to Nantymoel by train; and they were surrounded in the carriage by so many people on the same pilgrimage, religious men and women from France, Ireland, Scotland, England and one missionary from China.[26]

On Thursday morning Llewelyn Lloyd and Hugh Williams had the opportunity of meeting the Calvinistic Methodist minister of Pontycymer, the Revd D. Mardy Davies, the unpaid secretary for Evan Roberts.[27] Mardy Davies promised that he would arrange for them to see Evan Roberts. The deputation from Anglesey were pleased, as 'very few', according to Hugh Williams, 'as a rule were given the opportunity of meeting Evan Roberts personally'.

At 4pm, W. Llewelyn Lloyd and Hugh Williams in the company of D. Mardy Davies went to the house where the Revivalist was staying. There was a person from East Anglia and a few others waiting to see him. Evan Roberts was in his bedroom, sheltered from the journalists and those who hero-worshipped him. The two from Anglesey became tired of waiting and, so, they left for a prayer meeting at Saron Welsh Baptist Chapel where they heard the large congregation singing 'Y Gŵr wrth ffynnon Jacob' (The Man by Jacob's Well). Hugh Williams was bowled over. His response was to say 'Saron was full of God'.

Llewelyn Lloyd was literally carried forward by the congregation to the pulpit steps. There, he addressed the congregation in his booming voice: 'Mae drws trugaredd heb ei gau' (The door of mercy has not been closed). The congregation repeated the line from the hymn. But Llewelyn Lloyd was not letting the congregation drown his voice. He shouted out a peroration in Welsh that mentioned a nineteenth- century Welsh preacher of distinction, Robert Roberts, Clynnog, saying that the door would one day be shut. But to the Anglesey evangelist, God was goodness itself for he had not closed the door of mercy in Nantymoel.[28]

When Llewelyn Lloyd sat down, it was clear that the congregation had been deeply moved, and the worshippers began singing a Welsh hymn which calls on those who had left the fold to return to Jesus Christ. Hugh Williams never forgot the service and its great impact.

By 4.30pm they were all back in the house of Mr Mills to have an interview with the Revivalist. The invitation was extended by the Revd John Williams, Holyhead. 'I am ready to come,' was the response of the Revivalist, 'but I don't know what God will say.' His countenance changed. His body was in Nantymoel but his thoughts were far away, and in a few minutes he turned to the Anglesey deputation and said, 'The Lord is calling now'.[29] What was the message for the inhabitants of the Island? More silence followed. He pulled his hand from his sullen face and tears began to flow down his cheeks. 'Here it comes,' said Evan Roberts. 'Remember the blood'. He extended his hand to the Revd Hugh Williams who experienced a warm feeling through his whole body. He cried bitterly 'Remember John Williams, remember the blood, it should never leave our remembrance'. The Revd John Evans of Holyhead felt with his three colleagues that this young coal miner was a vehicle for God. The opinion of Hugh Williams was clear: 'Without any doubt he is one of the most spiritual men ever seen in Wales, if not in Europe, for generations'.[30]

The four returned to Anglesey, deeply impressed and very happy. Evan Roberts had promised to come to their Island. His charm, his personality, his sincerity, and his spiritual principles, would create a new spiritual awakening in Anglesey.

Evan Roberts came to Anglesey via Liverpool and the River Mersey.[31] At the end of March and beginning of April the fourth crusade of the Revival occurred. This new Mission was a new experience for him. Up to this time he had operated on his own, without any supporting organisation. In Liverpool the crusade was under the auspices of the Free Church Council (Welsh Section) and one of the most prominent ministers of the city, the Revd John Williams, minister of Princes Road Presbyterian Church of Wales, and a native of Anglesey, was the key person. He also would be the link for the visit of Evan Roberts to Anglesey.

The Revd Richard Matthews, Nebo, in an article in the *Y Cymro* in 1925, describes the expectations linked to his coming and also the fear amongst the Anglesey Presbytery when they met on the last Monday in May.[32] But the Revd Richard Matthews felt that they were fortunate in having the input of the Revd John Williams, Princes Road. After all, through the whole Denomination he was Evan Roberts's greatest supporter and one has to remember that John Williams was himself the successor in Liverpool of the pulpit giant, Dr Owen Thomas. John Williams believed that it was as important, if not *more* important to be able to deliver his sermon well, than it was to construct a good sermon. But in the Revival he did not insist on his own high standards as a preacher. The Anglesey Presbytery had insisted on John Williams accompanying Evan Roberts. They agreed to a programme involving meetings on four nights at Holyhead, Llangefni three nights, three nights in Amlwch and two nights in each of the other centres: Gwalchmai, Brynsiencyn, Beaumaris, Menai Bridge, Cemaes, Llannerch-y-medd and Benllech.[33] There was a demand, also, for him to call to see the people of the Bodedern District. It was hoped that he would spend a month on the Island, in charge of two services on the Sunday. The Revd John Williams had sent a letter to the Presbytery pleading with them: 'You have to prepare for Mr Roberts, that is, get hold of those apathetic followers, especially in the towns'.[34]

A message was sent from the monthly meeting of the Presbytery held in Amlwch to ask the Presbyterian chapels to co-operate with men and women from the other denominations, and, though Anglesey was often depicted as a huge Calvinistic Methodist Chapel, the other denominations (including the Baptists, Independents, Wesleyan Methodists) had no option but to agree with this request. The Calvinistic Methodists were responsible for all the arrangements as well as costs and expenses. *Y Tyst*, the national newspaper of the Welsh Independent denomination, through the entertaining articles of the Revd R.P. Williams, Holyhead, criticised these arrangements. He believed that in Holyhead they could have done what they had done in Liverpool, namely, arrange the meetings through the Free Church Council.[35] But they did consult with the ministers of the other Nonconformist chapels on less important issues, such as appointing individuals to visit those who were lukewarm, arrange meetings and have enough stewards to look after the converts. But R.P. Williams added that the crusade in Anglesey was very much a one denominational set-up; and Evan Roberts was to take part in the chapels of just one denomination as well.[36]

The Revd R.R. Hughes, the biographer of John Williams, Liverpool and Brynsiencyn, had underlined three key elements in the Liverpool visit of Evan Roberts, namely:

a) organising meetings attended by substantial numbers;
b) arranging a reception in the Town Hall with the Lord Mayor presiding;
c) Giving the Revivalist too much publicity and too little for the Revival itself. The message of the Revival was lost and people flocked to see the miracle man. In other words placing too much

emphasis on Evan Roberts as a Celebrity. John Williams was as responsible as anyone for the situation.[37]

The crusade in Liverpool had been challenging, and it was necessary for the Revivalist to be seen by four of the outstanding medical men of the city because of the emotional strain imposed on Evan Roberts by the religious conflict between the Welsh Presbyterians and the new sect that had arisen called, Eglwys Rydd y Cymry (Welsh Free Church).[38] Evan Roberts decided to accept the advice of the medical men and thus he took a well-earned rest. He spent most of the time, nearly a month from 19 April to 16 May, relaxing and resting at the Royal Hotel, Capel Curig.[39] He left Capel Curig on 16 May 1905 and travelled by train from Betws-y-Coed to Rhos-goch, where there was a horse and carriage waiting to take him to the affluent mansion, Yr Wylfa, Cemaes, the second home of the Liverpool Welsh builder and zealous Calvinistic Methodist elder, David Hughes (1820-1904), the father-in-law of John Williams.[40] Evan Roberts received a welcome normally reserved for royalty. Hundreds and hundreds of people waited patiently to see him travelling the narrow roads. Like a prince, he acknowledged the welcome of the ordinary people by waving his hands to the left and right, the cheers from the crowds being heard in the farmsteads and across the fields. In the unforgettable phrase of the hymnwriter, Elfed, Evan Roberts had arrived in Anglesey, an Island, nearly an 'Island of Christ'.

* * *

NOTES AND REFERENCES

1 A useful summary can be found in Robert Pope, 'Wales and the great awakening', *Church Times*, 26 March, 2004, 18-20.

2 The advertisement is found in *Y Cymro* (which at the time of the Revival was published in Liverpool). 'A splendid portrait of Evan Roberts 10 pence each. Post free. C. Glasstone, Carver, Gilder, Picture Frame Maker and Mount Cutter, 145 Smithdown Road, Liverpool.'

3 J.R. Kilsby-Jones, 'John Elias yn Sasiwn Llanbedr Pont Stephan yn y Flwyddyn 1829', *Y Geninen*, Cyf XVIII, 1899, 270-1.

4 John Pritchard, *Methodistiaeth Môn* (Amlwch,1888), 366-374.

5 Ibid, 374.

6 Ibid.

7 One of the elders who came under the influence of the Moody and Sankey crusade was the solicitor from Llangefni, Samuel Drew (1814-1884), a person who had tremendous influence within the Anglesey Presbytery. See John Pritchard, ibid, 352-3.

8 This went back to the 1850s and 1860s. Among those preachers from south Wales who came regularly to preach in the Anglesey chapels were Thomas John, Cilgerran; the Revivalist Dafydd Morgan, Ysbyty Ystwyth; Evan Phillips, Newcastle Emlyn (who adored Evan Roberts); William Jones, Cardigan; Jonah Phillips, Llandovery; David Saunders, Swansea; the poet, William Thomas, known more widely as Islwyn; David Jones, Llangeitho; T. Evans, Rock (Monmouthshire); William Williams, Swansea; and B.D. Thomas, Llandeilo. Each corresponded with Hugh Williams, Parc-glas, Bethel (who died in 1875), a devout elder in Anglesey (see J. Pritchard, *Methodistiaid Môn*, 350). See also Gomer M. Roberts, C.M. Archives, *Cylchgrawn Hanes y Methodistiaid Calfinaidd*, no. 3, 1979, 60. A preacher from south Wales, who was popular in Anglesey, was Edward Matthews (1813-92). The congregations loved his style, his dramatic exposition and his sonorous voice.

9 For the Mission of R.B. Jones in Holyhead, Llannerch-y-medd and Amlwch, see Jessie Penn-Lewis, *The Awakening in Wales* (Poole, no date), 61-3.

10 Joseph Jenkins (1861-1912) as a preacher he 'resembled a volcano', said Robert Ellis [in] *The Dictionary of Welsh Biography down to 1940* (London, 1959, 436).

11 Editor Hugh Owen, *Hanes Methodistiaeth Calfinaidd Môn 1880-1935* (Liverpool, 1937,) 87.

12 Ibid, 12, 291.

13 Rosina Davies (Evangelist), *The Story of my Life* (Llandysul, 1942), 185.

14 Ibid, *Hanes Methodistiaeth Calfinaidd Môn, 1880-1935*, 95.

15 Ibid, 99-100. I recommend the account given by the Revd Richard Matthews, 'Diwygiad 1904-5' [in] *Hanes Methodistiaeth Calfinaidd Môn*, 46-53.

16 Ibid, 102.

17 Ibid.

18 Ibid, 241.

19 Ibid, 246.

20 Ibid, 272.

21 Ibid, 284.

22 Ibid, 297.

23 Ibid, 365.

24 The Revd Dr Hugh Williams, Amlwch, was born and brought up in Rhosgoch. He came under the influence of the son of Dr Lewis Edwards, Bala, namely the Revd Dr Thomas Charles Edwards, first Principal of the University College of Wales, Aberystwyth. After his training at Bala where Thomas Charles Edwards moved from Aberystwyth, Hugh Williams followed an intensive theological training in Germany before returning to his beloved Anglesey. He was invited to give the Davies Lecture at the Presbyterian Church of Wales General Assembly at Dolgellau on the title *Grym y Groes* (The Power of the Cross). He received an honorary Doctorate in Divinity from Princeton University, USA. Dr Williams died on 25 August 1953 at the age of 91. It was said of him that he was a completely unique preacher.

25 The Revd John Morgan Jones (1838-1921), like his family, was influenced by the Religious Revival 1859-60 at Llanddewi Brefi. His mother, Jane Morgan Jones, was one of the most devout Calvinistic Methodist women of mid-Cardiganshire. Two of her sons became Presbyterian ministers, John Morgan Jones in Cardiff as minister of Pembroke Terrace Chapel from 1875 to 1912 and his brother, the Revd Dafydd Morgan Jones, ministered at Trefforest near Pontypridd. J. Gwynfor Jones, 'The Revd John Morgan Jones, Pembroke Terrace, Cardiff (1838-1921)', *Cylchgrawn Hanes y Methodistiaeth Calfinaidd*, no. 26-27, 2002-2003, 90-121.

26 Hugh Williams, 'Ymweliadau Mr Evan Roberts yn Nantymoel', *Y Diwygiad a'r Diwygwyr* (Dolgellau, 1906), 333.

[27] The father of the Revd D. Mardy Davies was a native of Llanddewi Brefi. He moved to seek work in Glamorgan and became a pioneer of Calvinistic Methodism in the industrialised valleys. The son of the Revd D. Mardy Davies became Sir Daniel Thomas Davies (1899-1966), who was appointed in 1938 as a physician to the Royal Family. He also was the medical adviser to Evan Roberts, his father's hero. Ann, his daughter was a student when I was in University College, Aberystwyth. E.D. Jones, 'Syr Daniel Thomas Davies; 1899-1966' [in] *Y Bywgraffiadur Cymreig 1951-1970* (London, 1997), 23.

[28] There is a vivid pen portrait of Llewelyn Lloyd in Robert Ellis, *Doniau a Daniwyd* (Llandybie, 1967), 67-9.

[29] Hugh Williams, op cit, 340.

[30] Ibid.

[31] Before he left for Liverpool, Evan Roberts dispersed all his material wealth, so that he arrived in the seaport without any money. D.M. Phillips, *Evan Roberts a'i Waith* (Dolgellau, 1912), 335.

[32] Richard Matthews, 'Mr Evan Roberts ym Môn', *Y Cymro*, Mawrth 20, 1925.

[33] Richard Matthews, 'Diwygiad 1904-5' [in] *Hanes Methodistiaeth Calfinaidd Môn, 1880-1935*, op cit, 46-53.

[34] Ibid.

[35] R.P. Williams, 'Evan Roberts yn Môn: Y Genhadaeth yn Bryn-du, yn Llangefni a Chaergybi', *Y Tyst*, Mawrth 28, 1905, 9.

[36] R.R. Hughes, 'John Williams Brynsiencyn', op cit, 157-8.

[37] *Y Goleuad*, 18 Tachwedd 1964, 7.

[38] The most valuable treatment of Eglwys Rydd y Cymry (The Welsh Free Church) is by R. Tudur Jones, *Ffydd ac Argyfwng Cenedl: Hanes Crefydd yng Nghymru 1890-1914, Prysurdeb a Phryder*, (Abertawe 1981), 210-246.

[39] *British Weekly*, 27 April 1905, 60.

[40] David Hughes, according to Robert Williams, Cemaes, was a man of blessing and his heart was as generous as his wealth. For the full story of his generosity see, D. Ben Rees (Gol) *Cyfaredd Capel Bethesda, Cemaes, Môn (1781-1981)* (Liverpool and Llanddewi Brefi, 1981), 19.

CHAPTER II

The Mission of Evan Roberts in Anglesey

The Mission began on Tuesday evening, 6 June, in Bethesda Welsh Presbyterian Chapel in Amlwch, which could cater easily for a congregation of one thousand. Two of Evan Roberts's helpers, Annie Davies from Nantyffyllon near Maesteg and his young sister Mary Roberts of Loughor, had arrived on the Monday afternoon. Both were being looked after in the home of a local Minister, the Revd Richard Matthews.

Bethesda had opened its doors at 4.30pm but within minutes it was overflowing with people. A prayer meeting had been arranged by the Revd Thomas Evans, a minister with the Independents and it turned out as an excellent introduction to the Anglesey Crusade. The singing was of a high standard. By 7pm Evan Roberts arrived, followed by the Revd Hugh Williams, a member of the deputation that had been to see him in south Wales, the Revd Thomas Charles Williams of Menai Bridge, 'prince of preachers', as well as Annie Davies and Mary Roberts. Evan Roberts entered the pulpit while the congregation sang 'Os caf Iesu, dim ond Iesu' (If I have Jesus, only Jesus).

Evan Roberts spoke effectively in the Welsh language on the need to worship in your own home following the command of Jesus. We, as disciples, had responsibilities to assist our fellow human beings to come to our Saviour. Anglesey was predominantly a Welsh language society in 1905, but even in the English city of Liverpool, Evan Roberts was most reluctant to use the English tongue in his addresses. He felt from the beginning that Welsh was the language of his faith and his theology. He had immersed himself in the Welsh Bible and the Welsh language hymns. Welsh was the language of his home and of his friends and the language of his chapel, Moriah, in Loughor. This is the reason he insisted on speaking in Welsh in his Anglesey Mission. Before sitting down he requested the congregation to sing his favourite Welsh hymn, the hymn of the drover from Caeo in Carmarthenshire, Dafydd Jones (1711-77), 'O Arglwydd, galw eto' (O Lord, call again).[1] Annie Davies then sang the hymn of the Liverpool Welsh Victorian poet, William Rees (Gwilym Hiraethog) 'Dyma gariad' (This Love) in such an effective manner that the congregation were amazed, in particular the line 'Pwy all beidio â chofio amdano' (Who cannot but remember him).[2] The young sister, Mary Roberts, prayed and then Dr Thomas Charles Williams tested the meeting at 9pm. Testing was a unique aspect of the Revival meetings. Either the Revivalist, or one of his staunch co-workers, would take the initiative and invite the congregation to accept Jesus as their Lord and Saviour. Williams, the minister of the Welsh Presbyterian Chapel at Menai Bridge, soon realised that only a small number in the large congregation were not members of a Christian community.[3] Evan Roberts could not sit quietly and when he saw a few responding he would utter the words 'Diolch iddo'. (Thanks be to him). Five responded to the Gospel invitation to be saved.

Then Evan Roberts read the Parable of the Fig Tree from the Gospels. After reading the word of God he began to catechise the congregation:

> Why do you still refuse?; When will you be ready? In a year's time? And then perhaps you will be ready for the grave tomorrow.

T. Charles Williams tested the congregation, for the second time, and this time three came into the Gospel's net. All the Nonconformist ministers of Amlwch and district were present as well as three ministers from the Congregational Church in England, the Revds Crispin Holt, R. Brotherton and W.R. Barron, Sheffield. One has to remember that an overflow service was held in the schoolroom while the main service was in the large chapel.

Another meeting in Amlwch

The following day, Wednesday, 7 June, the second meeting in Amlwch started at 5pm. Two hours later Evan Roberts arrived with his associates, John Williams of Liverpool, Mary Roberts, Annie Davies and William Hughes, an enthusiastic evangelist from Bethesda in Caernarfonshire.

He spoke first of his own conversation and stirred the emotions of his listeners. They glorified God for his mercy after William Hughes completed his spiritual odyssey. Evan Roberts spoke on the Hell of Calvary. He compared Calvary to Sinai. 'We are asking for a breeze but we should have a storm to sober us'. And then came the poetic lyrical line in the tradition of preachers such as W. Llewelyn Lloyd 'There was death in the storm but hope in the breeze'. Annie Davies next arose to sing what is still the favourite hymn today of the politician Cynog Dafis, 'Cof am y cyfiawn Iesu' (Remembering the righteous Jesus) (from the collection of William Lewis of Llangolffan in Pembrokeshire.)[4]

The Revivalist stood up, but then he was overcome with grief, and was for a time out of sight. The meeting was tested by John Williams but no one responded to the invitation. He asked for scriptural verses and received so many of them before Mary Roberts recited the Parable of the Prodigal Son from Chapter 15 of the Gospel of Luke. The Revd John Williams tested the meeting for the second time, and a man stood up to say that another person, near him, was unwilling to accept Jesus Christ that night as a Saviour.

Evan Roberts responded immediately and said with great earnestness, 'When will he make the choice?' But, in his concluding remarks, the Revd John Williams admitted that they had experienced a Revival meeting of spiritual maturity and invited the large congregation to say the Lord's Prayer in Welsh as well as in English.

Birthday Greetings

Thursday, 8 June, was a day to be celebrated, for it was the birthday of Evan Roberts. He received a large number of congratulatory letters on his twenty-seventh birthday and on that day a number of visitors from Scotland and England came to Amlwch. Evan Roberts was in a wonderful mood and was grateful to see Bethesda Chapel full for the third night. He rendered part of the homily that he had given at Sun Hall, Kensington, Liverpool, on Jesus, God and Man:

> He is only a Man, only a Man, but here as a Man who has changed the face of Wales and one who changes the face of the world. No, he is not only a Man but he is also God and to him be the glory. Amen.

The Revd John Williams had been stirred and raised his voice to address the journalists present in the meeting:

> May the spirit of God assert the representatives of the Press to describe in detail the scenes seen in this meeting, as this could spread the fire over the whole country. But I am afraid it is beyond their ability to do so. It is. We have not received anything like this experience in Amlwch.

Then he tested the meeting and twelve people responded. But Evan Roberts was not happy with the response. He stood up to plead on the lapsed to respond. John Williams brought the meeting to a close with a homily full of advice as well as thanksgiving for such a promising beginning to the Anglesey Revival in the town of Amlwch.[5]

Open-air meeting at Cemaes

Friday, 9 June, it was the turn of Cemaes to experience the impact of the Mission. The meeting was to be held at Bethesda Chapel, but due to the numbers attending, the arrangements had to be changed and the congregation was moved out into the open-air, a new experience for the Revivalist. A platform was set up at very short notice. Chairs and benches were carried from the chapels and schoolrooms and the homes to accommodate the large gathering. Journalists estimated that some 4,000 people had gathered in the picturesque village of Cemaes.[6] The Revd John Williams presided and, for once, both he and Evan Roberts arrived on time. Young people took part in prayer, and one observer noted that most of them were farm servants. This was part of the Mission in Anglesey, and the most notable Welsh language scholar of his day, John Morris-Jones, referred to this same phenomenon in the Llanfairpwllgwyngyll area.

Evan Roberts gave a passionate address on the invitation of God to possess the service. He was tired out and he fell back to his chair listening to dozens of people in the congregation pleading for mercy and tears rolling down their cheeks. Annie Davies sang with feeling and the Revivalist witnessed a large number responding to the call of the Gospel. The young Revivalist referred to the fact that he had received a telegram that morning from the secretary of the evangelists, Torrey and Alexander, from their office in Bristol, inviting him to address a Conference of Missionaries in Jerusalem in the first week of August 1905. The Revivalist responded:

> Thank you for the contents. I cannot accept the invitation. But I hope the divine fire will fall on the Conference.[7]

Evan Roberts loved Cemaes for Wylfa was near at hand and the open-air meeting proved to be a success beyond all expectations.

A day at Caernarfon

The following day, Saturday, Evan Roberts set out on another journey this time from Cemaes to Caernarfon so that he could meet David Lloyd George who was to address a meeting there on educational issues. But in every railway station from Cemaes to Caernarfon Evan Roberts was soon recognised. With him was John Williams and the journalist, Gwilym Hughes. After arriving in Caernarfon they went to the Station Hotel for a meal. Whilst they were finishing the meal the Revd D. O'Brien Owen passed by and John Williams knocked the window for him to come in to meet Evan Roberts. Then, together, they walked to Moriah Welsh Presbyterian Chapel.

The streets of Caernarfon were full of people wanting to see Evan Roberts and, in consequence, they had difficulty in reaching Moriah. But when they did they were met by the Liberal Member of Parliament for Anglesey, Ellis Jones Ellis-Griffiths, who took photographs of Evan Roberts.[8] When they stepped into the library of Moriah Chapel Evan Roberts was soon taken up with the photographs on the wall, including that of Evan Richardson, the pioneer of Welsh Calvinistic Methodism in Caernarfon town.[9] In the room were two ministers of the Connexion, namely the Revd J.T. Job, Carneddi, Bethesda and the Revd Thomas Jones, Rhostyllen near Wrexham.[10] Evan Roberts could not relax even for a minute. He suffered from what we now recognize as hyperactivity. Roberts went from the library to the schoolroom, he opened up the harmonium and began to play the tunes of some of his favourite hymns.

The arrival of David Lloyd George

At this juncture a message arrived stating that David Lloyd George had arrived at Bronygaer (the home of the Mayor of Caernarfon) and that the Mayor's carriage was waiting outside the chapel to take the Revivalist and his associates to see the famous politician.

This was a very unique meeting, the political hero of the Welsh nation addressing the religious hero of Wales. Both enjoyed a pleasant conversation. David Lloyd George took the initiative, according to Gwilym Hughes, in Welsh: 'I had thought of coming to see you in Capel Curig, but I failed to organise it,' he said. 'I am so glad,' Evan Roberts responded, 'that I had the privilege of coming to see you.' Then they shook hands and both looked in each other's eyes:

> 'You have made an impact on the Welsh. I can see your influence everywhere. The first place I noticed this impact was Carmarthen. You are giving a new look on Wales,' were the words of David Lloyd George. 'I would like to come and hear you today,' Evan Roberts responded. 'Yes,' said Lloyd George, but, he continued, 'Well, my heart tells me to say come, but...' then there was total silence. 'Well,' said Lloyd George, 'waving the sword is my work, but your work is to build the temple.'

David Lloyd George then left for his meeting. Evan Roberts, John Williams, D. O'Brien Owen and Gwilym Hughes visited the once-famous pavilion in the town, long since demolished. The Revivalist stepped out onto the vast platform and spoke:

> This building gives an opportunity for you to have twelve thousand souls in the one meeting.

D. O'Brien Owen responded: 'What if we opened the doors of the building, it would fill to overflowing in five minutes.' 'No, no,' said John Williams, 'he has not finished yet in Anglesey.'

The party then went to the top of Tuthill before walking back to the railway station. The Revivalist was thrilled with the view across the Menai Straits and Brynsiencyn and Anglesey. A local minister in Caernarfon, the Revd R.D. Rowlands ('Anthropos') composed a poem celebrating the meeting of David Lloyd George and Evan Roberts under the title, 'The Two Heros'.[11] This sums up the esteem felt by the Welsh people towards these two outstanding men of

1905, David Lloyd George and Evan Roberts. But, in terms of popularity, Evan Roberts seemed to have the edge at that moment.

A Sunday at Llannerch-y-medd

On the Sunday the missionary efforts were centralised in Llannerch-y-medd, an area which had enjoyed strong connections with the giants of Welsh Nonconformity.[12] The Llannerch-y-medd district included a number of able laymen, such as Thomas Williams (1862-1928), of Dinorben House, who became Chairman of Anglesey County Council, A. McKillop and J.E. Hughes. The doors of the Welsh Calvinistic Methodist Chapel, which could hold 1,100 people were opened at 8.30am. Within one hour the chapel was full to overflowing. The local minister, the Revd Robert Thomas, presided with the devotional parts of the service taken by the Revd J. Evans Owens, Llanberis. The meeting had no special order to it and was largely in the hands of the young women of Anglesey. A reference was made to the fact that it was a truly international gathering, with people present from Scotland, England, Ireland, France as well as from every part of Wales. And one of the young people uttered the truth when she said:

> If they failed to understand each other speaking, that God could understand every language?

Two of the visitors responded at Llannerch—y-medd, then referred to as the 'Athens of Wales'. The first was a Scotsman, with the surname Dunbar, from Glasgow, who sat in the gallery; the second was a French Protestant who prayed bi-lingually with prayers in English and some of her pleadings in French. She referred to that day as the day to remember the Great Pentecost when she pleaded on her God to give them in Llannerch-y-medd the same outpouring of the Spirit that had been experienced in Jerusalem, according to the second chapter of the Books of Acts. At 10am Evan Roberts arrived in a carriage from Wylfa together with his sister and Annie

Davies. When the three arrived Robert Thomas gave out the hymn of Thomas William (1761-1844), 'Y Gŵr wrth ffynnon Jacob' (The man by the well of Jacob).[13]

The Revivalist gave an inspiring homily on the need to remove all the difficulties in the way of the Spirit. 'One has to forgive,' he said. 'It is a waste of time for us to come to a service if we are not willing to forgive others'.

At the end of the homily he invited everyone to come nearer in every way to the Saviour, by singing and praying the hymn of John Hughes, Pontrobert, 'O Anfon Di yr Ysbryd Glân' (Oh Send Thou the Holy Spirit).[14]

Many in the congregation were under great feeling, and the service was enriched further by the sincere prayer of a young man from Bryn-du and the contribution of Annie Davies singing 'Mi glywaf dyner lais' (I hear the pleasant voice). All joined in the chorus, 'Arglwydd dyma fi' (Lord here I am), enriching the service at the prompting of Evan Roberts. Large numbers of the congregation joined in, saying 'Amen' and 'Diolch Iddo' (Thanks be to be Him). This time it was Evan Robert that tested the meeting: 'Is there anyone in this large congregation who would like to give himself to the Lord?' Only one yielded. Evan Roberts turned again to address the gathering on the verse from the Gospel of John, 'I am the way, the truth and the life.' He tested the meeting the second time but no one came forward to be new disciples for the Saviour of the World. He was disappointed at the nil response. It was a new, somewhat disappointing experience for the young Revivalist.

The evening meeting began at 4.30pm when the devotional parts of the service were taken by Mr Dunbar, a missionary among the sailors of Glasgow. Evan Roberts and his sister with Annie Davies arrived at 6pm when the chapel was heaving with the packed congregation. Indeed, there were two other services at the same time. The service at the New Hall was conducted by the Revd J. Evans Owen who preached with gusto. In the Baptist Chapel the minister, the Revd David Hopkin presided and preached. Evan

Roberts did not panic when a young man fainted from exhaustion. He went to him and opened the collar of his shirt. He returned to the pulpit with a smile on his face and addressed the congregation: 'O I wish everyone in this congregation would kneel like that young man.'

Until this young man had yielded completely, physically and spiritually, to the power of the everlasting Gospel, the Revivalist had felt that there was an undercurrent of opposition to the effects of the Revival in the two services held in Llannerch-y-medd. In his opinion, the danger was that a large number of the people were there for reasons of curiosity and also to enjoy the hymn singing. It seemed that it was the mortal trying to influence and captivate the Immortal. His urgent message was to believe in the good news. In the philosophy of Evan Roberts it was not mortal men and women but God that was responsible for the warmth and the urgency of the Gospel. A section of the congregation made up of Welsh and English people, intervened in Evan Roberts's address by reciting verses and giving their own personal testimonies. Evan Roberts was not unduly ruffled: in fact, he welcomed such intervention in every meeting. By 8pm Evan Roberts again stood up and thanked the Lord that hard-hearted hearts had been broken. The congregation responded with enthusiasm by waving their handkerchiefs, hundreds of them being filled with the Spirit in the Revival atmosphere. Evan Roberts believed that the Spirit is not only the agent of mission but also the distinguishing mark of belonging to Christ Jesus. Evidently, Anglesey needed to experience the baptism of the Spirit as he often mentioned. The baptism of the spirit is a permanent endowment of believers, a sign of belonging to the New Covenant, and is common to all who accept Jesus as their Saviour. As he knew from personal experience, it equips them for every mission, and he wanted to share with everyone his astonishing outlook on life.

More Revival activities at Llannerch-y-medd

All this augured well for the following day at Llannerch-y-medd. Then, on Monday, 12 June 1905, large numbers of people began arriving from all parts of the Island, as well as from parts of Denbighshire and Caernarfonshire. Tickets had been prepared for the meeting at Llannerch-y-medd, but local inhabitants had asked for all of these. In consequence, no admission tickets were left for the visitors, who had travelled, on a hot day, to see and hear Evan Roberts. Many local people were persuaded to sell their tickets for half a crown each. But within an hour the more mercenary inhabitants were selling their own tickets for five shillings, some for seven shillings each or even charging one pound for two tickets.

When Evan Roberts heard that the tickets were changing hands at such exorbitant prices, he decided to put a stop on the greedy people by insisting that the service should be held in the open-air; and many agreed with his actions. This view was confirmed the day after the service by one contributor to the newspaper, *Yr Herald Cymraeg* (The Welsh Herald), who called himself 'Gweinidog Pentre Gwyn' (The Minister of Pentre Gwyn).[15] He pleaded for more open-air services, especially in the summer. By the time Evan Roberts arrived at Llannerch-y-medd at 6pm, there was already a very large gathering awaiting him. The Revivalist was to stay with the local Presbyterian Minister, the Revd Richard Thomas; and in the morning they had both walked into the countryside to mediate on God's created order.[16] The platform for the evening meeting was based on a long vehicle, but we know that the Revivalist did not himself care much for open-air meetings. He had no experience of them until he came to Anglesey, but the main reason for his reservations was that it was not easy to keep sufficient control on the thousands in the crowd, with the seriousness that he expected. In an age when there was no microphone to reach the outer rim of the crowd, preaching was also a great strain on his voice.

The response in Llannerch-y-medd

That evening some of the members in the crowd uttered very touching phrases. This was the response of one of the farm servants:

> O Lord, there are some persons at the bottom of the crowd, but we are grateful to you that they cannot move from thy hand.

A housewife prayed for those who drank too much alcohol:

> There are many who have been captives to alcohol. Give them tonight a drop of your grace.

Then, an Anglesey man who was exiled in London stated:

> O Lord! Bend the hearts of the old fiftyniners, (an obvious reference to those who had experienced the 1859 Religious Revival).

One of the leaders of the farm servants in Anglesey expressed the hope of freedom in heaven itself:

> There will be plenty of room and no police to keep order. But the police can come but he must leave his old uniform behind.

According to the eyewitness account of the sympathetic journalist, Gwilym Hughes, Evan Roberts stood up and delivered a fiery address, on the importance of the home and overseas mission:

> I am afraid that I have made a mistake by coming to Anglesey. Most of you are members of the churches, and perhaps I could have done better work in Glamorganshire amongst the thousands who are not members of our chapels. Pray for them.

A number responded to the call of conversion, including one individual who was unable to speak. There was tremendous rejoicing. In a moment, Evan Roberts responded by saying: 'His tongue will be free enough to praise the Saviour in Heaven.'

The congregation then sang a hymn to praise the Lord at Whitsun. It was claimed by one minister that Anglesey had never seen a whiter Whitsun than they did in 1905. As the climax to a memorable day hundreds of people walked the streets of Llannerch-y-medd for at least an hour singing hymns.[17]

Evan Roberts at Llanddeusant

On Tuesday, 13 June, large numbers of people were walking towards Elim, at Llanddeusant. It was a beautiful summer day and the singing of the pilgrims could be heard echoing over the countryside.[18] After glorifying God in Jesus for an hour and more, the clouds blackened over Llanddeusant, and they saw the lightning and heard the thunder. Most of the pilgrims ran for shelter inside Elim Welsh Presbyterian Chapel. They heard a prayer of sincerity when they arrived within the chapel: 'Teach us, O Lord, to run with the same energy from the storm that awaits the wicked.'

There was not room for everyone. So, there was singing both inside and outside Elim that day. The rain yielded before Evan Roberts and John Williams arrived at the farmyard for a short service of half an hour before proceeding to the field that had been prepared for the Revivalist's meeting. The proceedings were in the hands of zealous Revivalists and, with enthusiasm, they sang the hymns of the Revival.

Evan Roberts addressed the crowd briefly and reminded them of their Saviour. He asked a large number of questions, such as:

> Why don't the congregation accept him as Saviour instead of allowing their hearts to harden?

The congregation was surprised at his analysis of their condition as religious people. Roberts emphasised the need for full and sincere commitment. His questions were welcomed and many a person uttered in agreement their 'Amen'. The verdict of Evan Roberts on the meeting, held in the heart of the countryside at Llanddeusant,, was this:

> I have seen more of God in this meeting than in any other meeting in Anglesey.

The Revd John Williams agreed, and maintained that the Llanddeusant meeting was one of the most blessed meetings that he had experienced either in Liverpool or in Anglesey.

The opinions of Dr T. Charles Williams

There were many inside and outside the Christian church that needed to be humbled and to kneel in penitence. That was also the opinion of Revd Dr Thomas Charles Williams. His words were: 'The Revival was felt in the place where it was needed most of all, that is in the Church.'[19]

The *Manchester Guardian* had noted the words of Thomas Charles Williams, Menai Bridge from a sermon he had delivered later at Porthmadog.

> 'Wales had never been poor in Church members, but the vast majority were irresponsible. Their names were on the church books as members and that was all. These passive members never attended the weeknight services.'

Now that this Revival was waking them to their responsibility, and Dr T.C. Williams maintained, that the new converts of the Revival should 'not forget the faithful ones who held the lamp in the darkness of the past'.[20]

No wonder Evan Roberts had a high regard of Dr T. Charles Williams, this is encapsulated in Welsh a verse that he sent to the well known minister:

> Dy lais – dy law – a'th wên
> Cynhyrfa'r ieuanc – nertha'r hen;
> Ym mlaen fy mrawd! Ymlaen o hyd –
> I chwynu'r Eglwys – garddu'r byd:
> Ym mlaen! a'r rhwystrau ochneidio dan dy draed,
> A thithau'n gogoneddus yn a thrwy y Gwaed.

(Your voice – your hand and your smile
Inspires the young and strengthens the old
Onwards my brother! Onwards all the time
To weed the Church and to make the world a garden,
Onwards! With the difficulties rebuking under your feet
And you are glorified in and through the Blood.)[21]

Thomas Charles Williams was a native of Gwalchmai, from a dynasty of preachers. He had been well educated, graduating with honours from Jesus College, Oxford, in 1897. He came straight from Oxford to become pastor of the Calvinistic Methodist Church at Menai Bridge – his sole pastorate.[22] In contrast, Evan Roberts had left school at the age of twelve and spent the years up to 1904, as a working miner and an apprentice blacksmith. In Anglesey, Thomas Charles Williams this famous preacher was content to support Evan Roberts, the celebrity of the Revival. This verse says it all for it reveals the confidence of the young miner in addressing one of the most learned and outstanding ministers of his generation.

Evan Roberts at Llanfachreth

On the Wednesday, Evan Roberts next visited Llanfachreth where they awaited him with anticipation. Visitors had come from all parts of Wales as well as large numbers from Holyhead, Bodedern and Bryngwran. One of the families of Llanfachreth, who had in their possession the pulpit of John Elias, had brought it to the field from which Evan Roberts could deliver his message. They were still wary of the weather but as the gathering was singing heartily, the Welsh Hymn 'Marchog Iesu', Evan Roberts stopped them and said:

> Before you sing, remember this, there is a competition tonight, competition between instinct and law. Listen, the birds can understand. How tender their music. In them you have instinct and law. Are we going to create chaos? Are the birds going to sneer at our faith tonight? The birds sing everyone for himself.

So, our worship should rise not as one body but from every individual heart. May every heart be open to receive a blessing and to look at Jesus, we will then be brought near Him. Law and life friends.

Then he sat down but within minutes he was on his feet again to condemn, in no uncertain manner, the sin of hypocrisy. He went on to refer to other sins:

What is dishonesty? Crucifying Christ. What is jealousy? Crucifying Christ. What is drunkenness? Crucifying Christ.

He then pleaded with the pilgrims to read the Bible regularly. The tempo of the meeting changed. All present were thrilled. The hymns *Ar ei ben bo'r goron* (On his head be the crown) and *Pen Calfaria* (Calvary Hill) were sung, over and over again. Annie Davies sang a hymn and Mary Roberts expressed with feeling Chapter 55 of the Book of Isaiah dealing with an invitation to those in spiritual need.

A number of the crowd yielded, including one of the most well-known medical practitioners in Anglesey. This brought joy and a large number of 'hallelujahs' rang out from the vast gathering.

A visit of Evan Roberts to Gwalchmai

The meeting on Thursday, 15 June was in the village of Gwalchmai. The weather was still fine and the meeting was convened on the field known as Pendref, which had been the scene of a large number of preaching services during the visits of the North Wales Association to Gwalchmai. This was to be a memorable event for the presiding minister was none other than the Revd Thomas Williams, a native of the village. He had a style all of his own: original, lovable and he knew his people well. As an introduction he welcomed the adherents of the chapels of north Anglesey, mentioning, in particular, those who had come from Bodedern, Bryngwran, Llanfachreth and Gwalchmai:

Over there Dr Lewis Edwards, Bala preached; here the Revd Edward Morgan, Dyffryn Ardudwy, insisted on preaching before Revd John Jones, Talysarn in the Nantlle Valley who took as his text 'The Lord has risen indeed and has appeared to Simon'.

For a while Evan Roberts was quiet. The singing was not as it could have been, and, though the Revivalist led the singing of the hymn 'Ymgrymed pawb i lawr' (May all bow down), the atmosphere changed when Thomas Williams asked the crowd a few pertinent questions: 'I feel sure that my Redeemer liveth. Is he alive my people?' The people responded by saying, 'Yes, through Him'. 'Did he die?' asked Thomas Williams in his rich sonorous voice. 'Yes,' responded the crowd with as much enthusiasm as the preacher himself.

'Where is he today?' shouted Thomas Williams. 'In heaven,' the crowd responded drowning the richest pulpit voice of his generation:

> Thanks, Thanks be to him. Is there anyone going to respond? I am going to try to do it, though I have preached for years, quite unworthily, but I feel like giving myself to him anew. I would like to testify against Hell that Jesus is alive. Thanks be to him.

The whole tempo of the meeting had been changed through the powerful words of Thomas Williams. Evan Roberts laughed in happiness. The congregation began to sing and so did Evan Roberts's great friend Sidney Evans from Gorseinon, a fellow student and future brother-in-law. In this atmosphere Thomas Williams tested the meeting, calling the names of some local people and adding:

> They are all from Gwalchmai, but Gwalchmai is too small for God.[23]

The testing continued with at least forty people yielding and accepting the gifts of Jesus. But Evan Roberts was still not satisfied.

He shivered like a leaf before the large crowd of some 1,500 people. The congregation had grown between 4pm and 6pm through the arrival of those who had been in the market at Llangefni. But when Evan Roberts realised that there had been a fair response in so far as the number of converts was concerned, he was satisfied with the Gwalchmai meeting. When the service ended, he went to the home of Mrs Mary Williams, mother of the Revd Thomas Williams and the widow of Peter Williams, the pig drover. Peter Williams hero-worshipped preachers from south Wales such as the Revd Edward Matthews of Ewenni near Bridgend. Evan Roberts sang at her home, known as Pencraig, the hymn 'What a friend we have in Jesus'. As he left he uttered a very realistic sentence:

> You have a beautiful countryside in Anglesey but I can also see graves. There is no permanent abode for any of us, Mrs Williams.[24]

The gathering of the pilgrims at Bryn-du

The following day Evan Roberts was expected in Bryn-du, a mile from the railway station of Tŷ Croes. Here, a larger crowd had gathered than at Gwalchmai. It was estimated that 5,000 people had gathered at Bryn-du, amongst them four Protestant pastors from Germany.[25] There was a sizeable team of evangelists accompanying Evan Roberts: Sidney Evans, Sam Jenkins from Llanelli, Annie Davies, Mary Roberts, May John from the Rhondda and W. Llewelyn Lloyd; as well as four well-known men of God: the Revd John Williams, Holyhead; Thomas Williams, Gwalchmai; J.H. Williams, Llangefni, as well as the Revd David Rees (1839-1911), Minister of Capel Mawr, Bodorgan, and Hermon, two Independent Chapels in Anglesey. A well-known minister, Rees had been Chairman of the Anglesey County Council, 1898 –1901. The large gathering had been waiting for two hours, singing one hymn after another. When Sam Jenkins, the soloist, began to sing the whole atmosphere changed:

Dan y Groes mae ennill brwydrau
A gorchfygu temtasiynau
Achos Crist yw'r achos gorau
Ar hyd ein hoes.

(Under the Cross we win battles
And defeat temptations
The cause of Christ is the best cause
Throughout our lives.)[26]

The Revivalist testing the Bryn-du meeting

Evan Roberts stepped on the platform as they sang this well-known verse on the cause of Christ. He did not present a homily. Instead, he tested the meeting, and the gospel net was soon full of converts.[27] The Revivalist turned to the congregation and said: 'Over there there is a soul under a cloud, but the Spirit of God will move the cloud'. One of the people put his hands up. 'Thank you for the courage,' said Evan Roberts and the worshippers began to praise God in song. One could hear Miss May John singing 'Maddeuant, Maddeuant' (Forgiveness, Forgiveness) with Sam Jenkins following with the rendering of the song 'Hen rebel fel fi' (An Old Rebel like me). There are seven verses in the song (See Appendix 1) and the words of every one touched the hearts of the large congregation. Evan Roberts was refusing to budge as he believed that there should be a better response in Bryn-du of all places, a centre steeped in Welsh culture:

> There are Welsh people somewhere in the crowd ready to throw their tools down. Nobody has asked him to do this. Will he lift his hand up?

Before Evan Roberts had finished his appeal, a hand went up at the outer end of the crowd and the man was hugged by those around him – just as if he had won a cup in an *eisteddfod* or an agricultural show. They heard shouts of 'Hallelujah' from the lips of hundreds of people, some crying with delight. The Bryn-du Mission had concluded on a victorious note.

A pilgrimage to the birthplace of John Elias (1774-1841)

On Saturday, 17 June, David Lloyd George had invited Evan Roberts and John Williams to come to his home in Cricieth at Eifionydd. But the ordinary people did not want Evan Roberts to have a minute to himself and large numbers travelled on the same train from the main towns in Lloyd George's constituency, namely Caernarfon and Pwllheli Boroughs, arriving in Cricieth at 11am. Another train was to arrive from the direction of Barmouth and Harlech, but it was delayed between Harlech and Penrhyn-deudraeth, eventually arriving an hour late. The small seaside town of Cricieth was full of people. Evan Roberts arrived at Garthcelyn where he was entertained for an hour and the George family enjoyed his humour. Evan Roberts mentioned a saint who was anxious about his friends and after naming a few of them, he added, 'Oh Lord, remember the *blooming lot*.'[28]

The welcome at Garthcelyn, Cricieth

Present at Garthcelyn was the patriarch of the family, Richard Lloyd, the famous uncle, an influential figure in the life of the local solicitor, William George and his brother David Lloyd George. Also there was their sister Mrs Mary Ellen Davies, wife of Captain Philip Davies, and members of the local chapel: the Revd W.B. Marks, representing the Independent Chapel, the Revd John Owen the pastor of the local Calvinistic Methodists and the Revd William Williams, who looked after the Welsh Baptists.[29] At the dinner table Evan Roberts said that the two hymn lines that helped him from day to day had been written by the eighteenth century hymnwriter, William Williams of Pantycelyn.

Mi ro'r cwbl
Am gwmpeini pur Fy Nuw.
Nid rhan ond y cwbl.

(I will give everything for the pure fellowship of my God. Not part of it but everything.)[30]

By 2 pm thousands more had arrived on the trains, by horse-drawn carriage or they had walked to Cricieth. Many felt very disappointed that Evan Roberts could not be seen. A deputation from the local Free Church Council was sent to the house where Evan Roberts was entertained, pleading him to hold a short service and thus not to disappoint those who had made the special journey to Cricieth. But he steadfastly refused as he was determined to see the place of birth of the nineteenth century pulpit giant, John Elias of Anglesey:

> The other day I was standing in the pulpit of John Elias. Then I sat in his chair. Today, I want to go to the place where he was born; and tomorrow I will keep an appointment in his memorial chapel.[31]

After shaking hands with a man who had come all the way from Pennsylvania, USA, to see him and stand outside the house, Evan Roberts then left Garthcelyn in an open carriage. Accompanying him was his lieutenant John Williams, David Lloyd George together with William George, Mrs Philip Davies and Richard Lloyd George. Evan Roberts's arrival was expected in every village. A wreath of red roses was thrown to him by an old lady at Four Crosses (Y Ffor). After seeing Crynllwyn Bach, at Aber-erch, near Pwllheli, the birthplace of John Elias in 1774, they had tea in the home of D.R. Daniel at Four Crosses.[32] Evan Roberts was invited to write in the visitors' book:

> Os myni berarogli wrth farw, boed iti berarogli wrth fyw. E. Roberts. (If you need to be scented when you die, you need to be scented while you live. E. Roberts.)

The Evan Roberts party then caught the train at Chwilog for their return to Anglesey, but they had great fun on the way as they jokingly speculated the future likelihood of Evan Roberts as Archbishop of Canterbury, D. Lloyd George as Prime Minister, John Williams as Archbishop of York, and William George as the Attorney General! Only one of them, Lloyd George, was to fulfil this unlikely prediction. Indeed, such a dream was anathema to Evan Roberts and well beyond his administrative and educational qualifications.

The Sunday at Llangefni

On the following Sunday, the Mission was centred on Llangefni with the morning service held at Moriah Chapel. It was raining. Nevertheless, people arrived in droves. The doors opened at 8.30am and a ticket had to be shown before admittance was allowed. The service was started by the Revd W. Jenkyn Jones, a native of New Quay, Cardiganshire, who had been a missionary with the Welsh Presbyterians in Brittany since 1882.[33] But the two individuals who could really bring the congregation to life was Hugh Hughes, y Braich and William Hughes, Cae Star, both from the Bethesda area.[34] That morning William Hughes suggested that people were expecting too much from the Revivalist:

> Diolch amdano ond rhaid cofio fod un mwy nag ef yno.
> (We are grateful for him but we must remember that there is one greater than him.)

Evan Roberts did not arrive until 10.30am from Gwalchmai where he had stayed overnight. With him was Sam Jenkins, his sister Mary, and Annie Davies. They arrived when the Revd J.H. Williams was praying.[35] Roberts stood up and asked one question after another:

> Had they invited the Holy Spirit to the service? What did they want to do with the Holy Spirit?

Evan Roberts continued in this vein for ten minutes until John Williams was able to respond by stating that this was a service that hundreds of them would remember for ever. They had had a fruitful harvest, and 25 people surrendered themselves to Jesus. They sang for the second time one of the great hymns of the eighteenth century Revival: 'Ymgrymed pawb i lawr i enw'r Addfwyn Oen.' (Let everyone bow down in the name of the Lamb of God.)[36] Then came a heart-rendering prayer from William Hughes before Annie Davies sang 'Dyma gariad'. The congregation dissolved into tears. Next, a beautiful contribution was made by Madame Megan Jones Davies of Birmingham. Evan Roberts was in nervous condition, shivering like a leaf. It was obvious that he had been deeply moved by the service. Eight new converts came to the Saviour, and the meeting ended with the Lord's Prayer in both Welsh and English.

In the afternoon, prayer meetings were held in Llangefni's Welsh Baptist Chapel, the Independent Chapel, the Welsh Presbyterian Chapel called Lôn y Felin and in the Town Hall. The door of Moriah, the Memorial Chapel of John Elias, was opened at 4.30pm but by the time William Hughes began the proceedings in prayer, this large building which seats at least 650 people, was full. The evangelist W. Llewelyn Lloyd was asked to take charge of the extra meeting that had been convened in the Town Hall though Evan Roberts would not be present there and, consequently, no report appeared in the local press.

The Moriah meeting was left open after the initial contribution of William Hughes and the singing was of a high standard under the baton of A.J. Wiliams, Bee Hive. A local soloist, Mrs Price sang the hymn, 'Mi glywaf dyner lais' (I hear the tender voice). One heard over and over again the need to remember the symbol of the Blood, the Revival theme given to the Anglesey deputation when they met in south Wales at Nantymoel. By 6pm Evan Roberts, Sidney Evans and Sam Jenkins arrived, and with hardly a dry eye in the whole congregation, it was obvious the congregation had been deeply moved.

After arriving at Moriah, Evan Roberts sat, silently, in the pulpit. A young woman from the Island expressed her thanksgiving for the religious spring tide that, in her own words, 'washed the Welsh nation clean in Christ without a reference to any shipwreck'. Then a solo from an Irish young woman, with English and the Irish people in the congregation joining in the refrain. At 6.45pm Evan Roberts stood to address the congregation by rebuking them in their tears. God was presenting his blessings and the people were not ready to use them. They had to love the small word, *syml* (simple):

> The Gospel was simple. A open heart tells the story in a simple way. May you be happy to ask for the simple blessings.

Roberts stressed the need for every person to be an obedient disciple for Christ. For some minutes after his address the congregation was silent, but then the reservoir broke and the people of God were singing with gusto. Sam Jenkins, the soloist from Llanelli, began to sing the hymn, 'A glywaist ti sôn am Iachawdwr y Byd.' (Have you heard of the Saviour of the World?) It was an outstanding exposition, with the call for all sinners to come immediately for forgiveness.

This was a service of enthusiasm, with young and old glorifying God for his grace. Evan Roberts sat for at least an hour in the pulpit without moving, staring into the congregation. Some yielded to the call of conversion. Amongst them was an elderly lady of 89. Then a young girl fainted near the *sêt fawr* (the Big Seat). Immediately the people were on their feet to see what had happened and Evan Roberts stood up to reprimand the congregation:

> This is a test by God on this congregation and you are unable to stand the strain. There is no need for you to be concerned at what is happening in this chapel. Fulfilling your task is your responsibility and leaving such events as these to the care of the Good Physician. But the enemy is busy taking your attention from your duties by every means at his disposal.

He then tested the meeting again. A number in the congregation accepted the challenge. An Englishman from the city of Durham stood at his feet. He was not a member of any church or chapel, and had travelled all the way to Anglesey to find a religious experience. Evan Roberts appealed to him in English to accept Christ as Saviour that night, and reminded him that the word 'feeling' was not a Biblical word. The key word was 'believe'. He continued: 'Blessed are those members who believe passionately, instead of allowing thousands to be stranded and not ready to face eternity. They had a chance that moment in time. There was no value at all in singing and imploring for forgiveness and conversion and not allowing the person next to them to consider offering himself, without holding anything back, to the care of Jesus Christ.' The meeting was tested for the third time, and a number of people responded, but others refused to come forward. The meeting concluded with contributions from Sidney Evans, a fellow student with Evan Roberts at Newcastle Emlyn. He was only 22 years of age.[37] Sam Jenkins followed with a gospel song on the theme of the 'Parable of the Lost Sheep'. Evan Roberts then addressed the large congregation: they had all experienced a wonderful scene but even then it would have been different if they had responded more fully to the call of the Saviour. The spiritual blessings had not come because of the disobedience of the listeners. That, in the opinion of Evan Roberts, was the truth: 'Is there anyone here with enough courage to admit that he has been disobedient tonight?' The service was tested again and a few more responded, but the complete number of new converts were not more than 18 people.

Open-air meeting in Llangefni

But Evan Roberts was to spend another day in Llangefni but this time at the open-air meeting. Some 5,000 people gathered in Cae Dinas (the Town Field) but, besides a slight rebuke to those on the outskirts of the crowd to behave with decorum, Evan Roberts refrained from delivering an address. He remained in a humble posture near the pulpit for at least eighty minutes, as if he had forgotten everyone around him in his communion with his Heavenly Father. For some time evidently he was in deep meditation and at other times in ecstasy. Going on around him was a huge Prayer Meeting, with petitions, confessions and thanksgivings expressed with conviction and sincerity. The minister, the Revd J.H. Williams was inspired, and his voice carried to all corners of the field, reminding them of the eternal war between the Lamb and the Beast, the clever satanic forces and the brave soldiers of Heaven. They were to pray with all solemnity for a full victory. Without any prodding, at least a quarter of the crowd confirmed their belief and pleaded for the victory of the saints over those who participated in deception and lies. A scene such as this had not been seen before in Anglesey. Dozens of women, of every age group, fainted in their enthusiasm; others wept and sighed, glorifying and uttering loudly 'Iesu Grist am Byth' (Jesus Christ for ever).

Evan Roberts would be based at Holyhead for the rest of the week, a busy port for Ireland, and a more Anglicised milieu than Llangefni or Amlwch or Llannerch-y-medd.

The appraisal of R.R. Hughes of Evan Roberts

On Tuesday, 20 June, the meeting was convened on the site of the old festivals, an area known as Ucheldref (Hightown). Evan Roberts was to stay at the home of the Revd John Williams, minister of Hyfrydle Presbyterian Church of Wales, in Holyhead. The Revd John Williams, himself, was staying with some friends so that Evan Roberts could have more space at the Manse. According to the Revd R.R. Hughes, who, later, was the biographer of the Revd John Williams, of Liverpool and later of Brynsiencyn, Mrs Williams and her domestic helpers felt somewhat afraid in the presence of the young Revivalist. When he arrived R.R. Hughes was there to welcome him and the tea was ready. But he could not persuade Evan Roberts to partake of the food that had been prepared for him. 'The spiritual world is very much near us, isn't it?' he said. R.R. Hughes agreed with him, but he felt that this world was more important than the next at this particular moment in time. But nothing could persuade Evan Roberts to eat. Then he said, 'R.R. Hughes or R.R.H. – Royal Road to Heaven.'

'Look,' said Hughes, with his patience obviously stretched to the limit, 'These sisters who are in this house are afraid of you as you have the reputation to read the thoughts of others. But if that was true you would never call me the Royal Road to Heaven.'[38] But nothing would persuade the Revivalist that Tuesday afternoon in Hyfrydle Manse to eat any of the delicacies or drink some tea before his first meeting in Holyhead.[39] It was a windy day and some 5,000 people had descended on Ucheldref. As the Revd R.P. Williams said: 'Everyone took an interest in Evan Roberts, whatever their interest was in the Revival.'

Evan Roberts at Holyhead

This, in the opinion of the present writer, sums up the nature of the 1904-5 Revival. Evan Roberts arrived at Ucheldref by 6.30pm, climbed to the platform, quietly and with humility. The large gathering sang and prayed before he addressed the large crowd. His opening remarks began:

> Nid oedd y gwynt cryf a chwythai ar y pryd ddim i fod yn anfantais i'r cyfarfod, fod buddugoliaeth yn sicr, ond iddynt hwy fod mor barod i dderbyn ag oedd y nefoedd i roddi.
>
> (The strong wind that blew was not to be a hindrance to the meeting, that victory was definite if they were as ready to accept as Heaven was to give.)

Then, some members of the crowd began to pray. Evan Roberts stood again and expressed quietly his disappointment that there were dozens in the crowd that were not willing to respond to the Spirit of God. These, he maintained, were stubborn people and it would be better if they returned home. He did not allow the crowd to sing more than one hymn because, in his opinion, emotional Welsh hymn singing, swamped the prayers of the people. Indeed, the Welsh word used by the correspondent for the Welsh Independent weekly paper, *Y Tyst* (The Witness), the Revd R.P. Williams, was 'lladd y gweddïau' (to kill the prayers).[40]

Evan Roberts stood on his feet for the third time, and by this time it was raining hard. 'Put your umbrellas down and lift up your hearts,' he said. Ten people responded to his gospel call for penitence and salvation, but his first meeting in Holyhead ended in a storm with wind and rain.[41] But a large portion of the young people did not want to return to their homes. These were the youngsters who filled the large Welsh Presbyterian Chapel of Hyfrydle and they continued with their prayer meeting there for another 1½ hours.[42]

Devotees of the Revival at Holyhead

On Wednesday night, 2 June, another large meeting was convened.[43] The large concourse in Holyhead was full of devotees of the Revival, those who had been converted as well as those there for reasons of personal curiosity. The Prayer Meeting took an hour and half before Evan Roberts arrived. Fear and tribulation spread through the crowd when the Revd John Williams, pastor of Hyfrydle Chapel, informed them that one of those who had been in the meeting the previous evening had died suddenly that afternoon; and that another devout woman, who had partaken of the joy of the Revival in the same meeting, had been accepted safely into Heaven and eternity that very afternoon.[44]

At 6.30pm Evan Roberts arrived with his sister Mary and her friend Annie Davies. The Revivalist was not content with the few prayers he heard, which, in his view, were no substitute for the thousand of petitions that was needed. Had the Holy Spirit worked differently in Holyhead on the Wednesday than it had at Llangefni on the Monday night? A hymn was sung and then the meeting was tested: only four were willing to commit themselves to Christ. Evan Roberts was not at all satisfied with such a dismal response and stressed that many more should respond. Dozens of people prayed aloud following this rebuke. God needed to convert all those sinners before him. One of the local stewards approached some of the local ministers of religion on the platform for assistance to focus on the numerous hard-hearted people who were so self-satisfied with their own status. Another testing process was put into operation and twenty more people responded to the gospel call.

It was obvious that at least one fifth of the crowd could not understand the Welsh language. These were English and Irish, but included some from the continent, in particular from France, the Netherlands and from Germany. Evan Roberts never spoke much English, only the occasional sentence wherever he went. He did not pray in this meeting in Holyhead but the powerful William Hughes, Bethesda prayed more than once: and his 'Amen' could be heard in the four corners of the field. At the end of the meeting, the young people insisted on carrying on with the Revival; and they filled two chapels, Hyfrydle and Tabernacl, without the presence of Evan Roberts.

The Thursday meeting in Holyhead

Thursday night brought the Revivalist and the crowds together for another gathering, but, according to the Revd R.P. Williams, it was to be a night of disappointment. Thousands thronged the road to Ucheldref. The youngest sister of Evan Roberts, Mary, prayed with sincerity and Annie Davies sang as angelic as ever. Evan Roberts was quiet and felt that the Lord had tied his tongue because the crowd was not ready to obey the will of Almighty God. He was serious in calling on the name of the Almighty but he felt disappointment that only 13 presented themselves to be disciples of Christ that evening.

But the occasion became more of a blessing when the ministers of the Nonconformist Chapels of Holyhead addressed and prayed in the midst of the large congregation and created more of a worshipping atmosphere and a desire to glorify God in the Holy Spirit. There was a large contingent of sailors from a warship that was docked in Holyhead in the crowd. There were also large numbers of English and Irish people and, as they could not understand, they were drawing attention to themselves publicly by expressing their dissatisfaction now and again that everything was in the Welsh language.

A huge gathering at Holyhead

On the Friday night the largest gathering that Holyhead had ever seen during the Revival took place at Ucheldref, but the crowd was quite lethargic until Evan Roberts stood on his feet. He expressed doubts as to whether he should have been there at all. It had been a hard spiritual battle. He felt that he experienced what Jacob went through at Bethel as recorded in the Book of Genesis, wrestling with his God; but as he had been successful at the Hyfrydle Manse, victory would also come to this particular Revival gathering. He began to pray and the large gathering was completely subdued, until many of the Welsh people glorified God in praise and prayer. The cry of Evan Roberts was 'Plyg nhw, O Dduw, plyg nhw'. (Bend them, O God, bend them). Evan Roberts had arranged for the Revd R.R. Hughes to sit next to him and to act on his behalf. When he uttered a sentence or two, he expected the Revd Hughes to express this to the crowd. Halfway through the service they held a few minutes of silence. Then, according to the sane and level-headed R.R. Hughes, an incredibly mysterious religious influence possessed the thousands, comparable to a field of corn swaying before a gust of wind.[45] 'No one could see the wind, but we knew it was there as we saw the corn bending before it. And one could see the impact of an invisible influence amongst the crowd gathered on the field of Ucheldref.'

John Moses of Tyddyn Bach, an elder from Ebeneser Welsh Presbyterian Church of Kingsland, Holyhead, stood up in the middle of the crowd. He was a tall man, a great warrior of the prayer life and he realised that something incredible was taking place. He threw his hat over the heads of those around him, and with his unique oratory he spoke as if he had a microphone in his hand: 'Come breath of the four winds, and breathe on these that had been killed so that they can live.'[46] As the heavenly word went over the whole crowd, Evan Roberts turned to R.R. Hughes and grabbed his hand, and said. 'Dyna dôn ynte' (What a wave we've had).[47] The testimony of the Revd R.R. Hughes, who presided that evening, and who tested the meeting, was simply this: 'Anglesey never experienced such a scene, and no one who was present will forget it.'[48]

The Revivalists saw three different things in this service:

1. Evan Roberts arriving at a meeting on his own. Sam Jenkins was expected but he did not come to the platform.
2. The seriousness of the Revivalist on the one hand and on the other his laughter and joy. His prayer was a stupendous experience for all. They had never heard a prayer of such intensity and passion.
3. The crowd had received the healing grace of God. Many had surrendered to God, who by his Holy Spirit pardons, cleanses and sanctifies. At the beginning some curiosity and lack of solemnity had been experienced but the situation changed completely after the prayer of Evan Roberts. Hats, like the hat of John Moses, and handkerchiefs had been waved or thrown into the air.

The meeting, with an estimated 10,000 in attendance, came to an end in ecstasy according to the correspondent from *Y Cymro*.[49]

On the shores of the Menai Straits at Brynsiencyn

The crusade next moved at the weekend to the shores of the Menai Straits when the Sunday services were to be held in the village of Brynsiencyn. On Sunday morning the field was full of horse carts, some 700 of them. Two meetings were arranged for the open-air. The June sun came out, and the local Anglesey police force had prepared buckets of drinking water with beakers for the visitors.[50]

The morning session at Brynsiencyn was quite ordinary. It was slow and lacked vitality. Evan Roberts delivered the same theme throughout the day: the obedience of the believer and the activities of the disciples of Jesus. Only three responded in the morning service, but during his address the Revivalist presented a graphic situation to his listeners:

> Fear restricts many to pray, the rock in the middle of the river can be a restriction, but the river turns the restriction into music, and the water around the rock is white.

The evening gathering in Brynsiencyn was much larger than in the morning, with a crowd of around 4,000. They began at 5pm and the atmosphere was still lethargic until Evan Roberts, his sister Mary, and their friend Annie Davies arrived. People felt that the singing had no power to it and that the prayers lacked enthusiasm. Evan Roberts sat for an hour without uttering a word. Nevertheless, by its very nature the meeting at Brynsiencyn brought a new impetus. Everyone who was a church member was expected to raise his or her hands along with all others who loved Jesus Christ. As a result, the largest portion of the crowd was responding to the challenges of the evangelist, but Evan Roberts was still not satisfied:

> It won't work friend, there is something missing. If we love Jesus where is the heat. Why are we so cold and formal in our worship?

He spoke with enthusiasm on the obedience of the Saviour concerning the paths within life and he succeeded in bringing the large congregation to life. Dozens began to pray and everyone was deeply moved when they sang another famous hymn of the Revival. These particular verses had been composed by the eighteenth-century hymnwriter Morgan Rhys, a hymn that saw light of day in the edition published in Liverpool, in 1795, *Grawn-sypiau Canaan*, 'O Gariad, O Gariad anfeidrol ei faint' (O Love, O Love almighty in its blessing.)[51]

Ten from the crowd responded immediately but a large number could not take the decision to come forward. The second meeting at Brynsiencyn came to an end with a sincere prayer with the thousands repeating after the Revivalist: 'Achub y gwrthodwyr, er mwyn Iesu Grist' (Save those who refuse, for the sake of Jesus Christ).[52]

Sasiwn y Golomen in Llangefni

The following day Evan Roberts took part, for the first time ever, in a Calvinistic Methodist Association that took place at Llangefni. The crowds converged on the market town. Two of the main preachers invited were; the Revd Thomas Charles Williams (in the afternoon) and the Revd John Williams, Liverpool, in the evening. Both were strong supporters of Evan Roberts and his Mission. This Association became known as 'Sasiwn y Golomen' (The Dove Association). Thomas Charles Williams delivered a well-constructed sermon on the theme of the three crosses of Calvary. As he began his delivery, a dove was seen encircling the crowd. Everyone saw the dove and, in his own style, the preacher remarked: 'Do not worry, she is only a dove who has come to our Festival.' The dove did not upset the preacher but its arrival left a deep impression on his listeners. In Biblical terms, the dove is a symbol of the Holy Spirit, and this is the reason for the dove being included in the badge of the Calvinistic Methodist denomination. After flying for a while it finally descended on the shoulder of the preacher. This extraordinary sermon came to a crescendo in song.

By 5.30pm the people looked forward to the preaching of the Revd John Williams. A large number of Presbyterian Ministers from elsewhere in north Wales had arrived to support one of their leaders who preached on themes concerning the children of Abraham. At the end of the sermon, a number of lay people as well as the ministers prayed. Next, Evan Roberts stood up, with a beautiful smile on his face, and informed the listeners of his prophecy a week earlier:

> Do you remember what we were praying for in this field a week tonight? Praying that the Lord would make his ministers a flame of fire: He has answered our prayer, and where is the thanksgiving my friends?

These were words of gratitude to one of his most loyal ministerial friends. The words just flowed from the lips of Evan Roberts as he smiled and enjoyed his spiritual satisfaction. A number of lay people prayed loudly while he spoke and one of the inhabitants of the islands thanked God for raising in Evan Roberts, the 'Duke of Wellington of the Revival'. The meeting was tested by a local minister, another John Williams, and the day came to a close in glory at Llangefni.

At the castle in Beaumaris

The Tuesday meeting was to be held in Beaumaris Castle, an historical site made available for use by the Revival by Sir R. H. Williams-Bulkeley Bart. Sailing boats and small steamers as well as carriages arrived early in the afternoon and hundreds of pilgrims came on foot from the villages of Anglesey and Caernarfonshire. The gates of the castle were opened at 4pm. The atmosphere of reverence and expectation was created at the beginning by the Liverpool Welsh missionary Hugh Roberts.[53] The singing was meaningful, the utterances helpful, and then the Revd Ishmael Evans came to the platform, one of the ministers of the Welsh

Wesleyan Methodist Church. After thanking the owner of the castle, he asked everyone to remember that the ground on which they stood was holy: 'Lle i addoli, yw'r lle hwn' (This is a place to worship).[54] This is why no one had a right to smoke within the castle grounds during the service. Then came a contribution from the Revd E. Evans, Bangor. His prayer asked for God to fill the castle. After singing the rousing Welsh hymn, 'Marchog Iesu, yn llwyddiannus', (March to Jesus in happiness) the Revd J.W. Hoyt, made his contribution. He had sailed across the Atlantic Ocean from Canada to the Anglesey Mission, to see God at work in Evan Roberts, and to experience the spiritual powers. The Revd Hoyt believed that the Welsh Religious Revival was to influence the religious life of the whole world.[55] With an estimated 6,000 present, it was good to see so many people gathered at the castle.

On the persuasion of the Revd Ishmael Evans a number of the women took part, and then the Mission team arrived, Evan Roberts, John Williams (Liverpool) and Miss Annie Davies as the crowd sang 'Dyma gariad fel y moroedd' (Wondrous Love, unbounded Mercy). A prayer was uttered in English by the Revd Farrier Hume of Bristol, pleading God, who existed before the building of the castle, to reveal himself in all his powers. Annie Davies sang solo, the hymn written by the nineteenth- century Liverpool Welsh poet and preacher, Dr William Rees (Gwilym Hiraethog), which can be regarded as the mighty love-song of the Revival. His son, the Revd Henry Rees had ministered with the Independents at Bryngwran in Anglesey 1885-98, and then retired to Valley, where he died in 1908. A journalist from *Yr Herald Cymraeg* (The Welsh Herald) was greatly impressed, and wrote that the influence of Annie Davies was 'so endearing'.[56] John Williams took part and although he had close family connections with the town, for the crowd, it was Evan Roberts that was the star attraction. When he spoke the vast crowd suddenly fell silent. Worship and prayer was needed to support the work of the Christian. 'Do not pray,' he said, 'to gain satisfaction but to have God as your guide and you cannot expect any more.' He asked patiently:

> Are there any soldiers of the Cross present? Unity between believers were essential to conquer the sinful world. The Christian unity came in Christ Jesus. Christ is the one who unites all his disciples. Look anew on Jesus. He is the General-soldier that is the one who has conquered Death and Satan and the evil forces of men.[57]

Then, he added:

> He can conquer the whole world without anybody's assistance. King Edward VII of Britain cannot do that. The army of Christ is an almighty army, because He himself is almighty in his humanity as well as in His divinity. Place the crown on the head of the Saviour.

The crowd were greatly impressed by this message: one of the most powerful utterances of the Revivalist in Anglesey.[58] By the end of this message, silence descended on everyone before a number of the converted responded in prayer and in praise. The scene became virtually indescribable. A young woman fainted by the platform and when a section of the crowd looked with curiosity at her, they were rebuked by the young Revivalist:

> Pray people, worship people, the Great Physician will be ready to look after her.[59]

There were a number of soldiers in the crowd and the ex-miner from Loughor made frequent references to them in his address. The Revd W. Llewelyn Lloyd, his dependable friend, prayed and Annie Davies sang and thirty new converts had responded. An effective service came to an end with the singing of a hymn in English.[60]

Another Revival meeting at Beaumaris

The following night another meeting took place in the castle grounds at Beaumaris. The crowd numbered thousands, similar to the night before. In the afternoon it had been planned to take Evan Roberts out to enjoy the June countryside of Anglesey, travelling in the carriage of the Mayor of Beaumaris, Hugh Thomas, with the local doctor, Dr Thomas, and Dr Lewis Hughes from Dowlais.[61] But, because of the curiosity of the crowd and the celebrity status of Evan Roberts, the party failed to set out and Evan Roberts had to flee back to the house for refuge through a back door.[62] Hundreds upon hundreds had come to Beaumaris from the inland villages and hundreds more arrived in small boats. By 5pm the castle grounds were packed, including many army engineers and soldiers. The Revd Ishmael Evans presided while T.J. Williams, Headmaster of St Paul's School, Bangor, was the precentor.[63] But soon the proceedings slipped out of their hands. A young man sang a hymn in Welsh followed by one hymn after another. Then a well-known local singer, Tegfan Roberts, gave a fine performance of penillion singing, inviting people, like Matthew of old, to leave everything to follow Christ.[64] At the end of this performance the crowd sang of the wonder of Almighty God. Some felt that the castle was being rocked to its foundations by the depth and volume of the singing.

It was quite late when Evan Roberts arrived, followed by the Revd John Williams, the Revd Thomas Charles Williams and, as usual, Miss Annie Davies. Evan Roberts sat on the platform for half an hour without moving hand or foot, or uttering a single word. The Revd John Williams made an appeal for them to worship devoutly and refrain from expressions of human curiosity. Then Evan Roberts addressed the gathering, apologising for his late arrival. But there had been a special purpose for not showing himself earlier as he desired to raise the name of God above any other name.[65]

John Williams tested the meeting and then the Revd Ishmael Evans rushed to the platform and told his fellow ministers:

> Come, dear friends, let us go to the middle of the crowd to do the work of heaven. What use are we here?[66]

Hearing the voice of a minister of religion from Boston, New England, praying, in his American accent, pleading for the mercy of the Lord on him and his fellow pilgrims, brought the meeting to a distinctive climax. His cry of penitence was answered. It was announced from the platform that an undisclosed number of pilgrims had yielded unconditionally to the call of faith, hope, and love. The second meeting at the castle ended with the Lord's Prayer being recited in Welsh.

Evan Roberts at Menai Bridge

On the Thursday afternoon as Evan Roberts was on his way to the steamboat in Beaumaris, a young lad, with his cap in his hand, presented the Revivalist with a bunch of flowers. As Roberts left Beaumaris he was recognised by all the passengers on the passing steamboat 'St. Tudno', who were on their way to the meeting at Menai Bridge, who sent up a huge hooray, confirming their recognition.[67]

The meeting at Menai Bridge was to be held in a field on the outskirts of the town. As Evan Roberts entered the field the crowd rushed towards him. Evan Roberts did not like the people who placed their children on their shoulders so that they could get a better view of him through opera glasses and binoculars. Between 900 and 1,000 people had gathered at Menai Bridge that night. At least twelve young girls fainted with excitement. John Williams warned them to stand well back from the wooden platform in case a tragedy happened.

Evan Roberts remained seated and quiet for an hour and a half. When he did begin to speak he drew on the Anglesey preaching tradition of 'dawn Môn', by mentioning the 'awel dyner' (soft breeze) that had swept across the field, and the need for patience in a service that embued with the Gospel. He pushed forward the table before him and walked back and fore on the platform as his handsome face lit up his countenance in an appealing smile. He stood solidly, and said, with authority, in Welsh:

> Yn awr gadewch i ni oll weddïo am y dychweledigion.[68]
> (Now let us all pray for the converts).

Then he sat down and quietly implored for eternal hope. Hundreds of pilgrims took part in prayer until the Revd John Williams tested the meeting, searching for evidence of converted souls. It seems that there were hundreds in the congregation that night who were neither communicants nor chapel members; and many who were unwilling to make the decision to follow Christ.[69] Not a single person came forward to accept the gospel invitation:

> 'Friends,' said John Williams who was the minister of Princes Road Welsh Presbyterian Chapel in Liverpool, 'we are witnesses tonight to a scene that we have not seen anything comparable to it in any of our meetings. Not one soul willing to give himself to Christ, even with all our praying. This is a test of our faith. Be sincere in your prayer.'

Then a number prayed as Evan Roberts remained seated with his head bowed. His sister and Annie Davies could be heard imploring for a spiritual harvest and repeating all the time the words, 'O Arglwydd achub! O Arglwydd achub!' (O Lord save! O Lord save!) Hundreds of their fellow worshippers repeated the call: 'O Arglwydd achub' (O Lord save.)[70] The meeting was then tested for a second time to ensure that it was not to be unsuccessful. Soon, there was a response. As the crowd sang 'Diolch iddo, byth am gofio llwch y llawr' (Thank you [Lord], for remembering the dust of the earth), the Revivalist stood up, and smiling he implored them to pray with more sincerity for everyone who were refusing the call of the Gospel. The meeting ended with deep expressions of heavenly praise.

A meeting at Llanddona Anglican Church

On the Saturday afternoon there was a new development: the opportunity to hold a Revival meeting in the parish church of Llanddona at 1.30pm. The Rector, the Revd Peter Jones, had, weeks before, invited Evan Roberts to conduct his meeting in a different setting. Peter Jones was congratulated on his new initiative. Ten years later, a poem by Deiniolfryn, appeared in the monthly magazine, *Y Geninen* (The Leek) praising the qualities of the priest for allowing Evan Roberts his open invitation for his evangelistic ministry.[71] But, it seems that most of the Anglesey people, who congregated in Llanddona, were Nonconformists rather than Anglicans. The usual prayer meeting was held at the beginning before Evan Roberts, John Williams and the Rector arrived. The Rector was in his clerical robes and the service was conducted along liturgical lines. Nevertheless, the Rector gave one of the most devotional homilies ever experienced during Evan Roberts's Mission in Anglesey. He spoke of the antiquity of the parish church at Llanddona, and of the need to kneel anew as believers and why he had invited the Revivalist from south Wales to be in their parish. He had done so for one reason: 'Because I believed that he is a special messenger from God to fulfil special work for Christ at a special time in the history of Wales.'

The Rector believed that Wales 'was being specially blessed by God through the outpouring of the Holy Spirit. What does the Bishop say? He is in support of the movement of the Spirit', and, he added, in Welsh, 'Evan Roberts will not be asking you to fill this church or that church but he will call on all of you to come to Jesus; and that is why I am so keen for him to come here today.'

The Revivalist responded by mentioning that last September he had been in an Anglican Church and he remembered the words that came to his hearing: 'Bywha dy waith, O Arglwydd, ynghanol y blynyddoedd' (Revive thy work, O Lord, in the midst of the years.) A safe way to find happiness in life is to live close to Almighty God. The meeting at Llanddona was tested and a number of the congregation responded by embracing the Christ as Saviour; and enriched by some glorious hymn singing.

Another meeting at Menai Bridge

The second meeting was Menai Bridge in the open-air though, despite being held in June, it was a cold and rainy evening. Present, as usual, with Evan Roberts was Annie Davies, his sister Mary Roberts, and Sidney Evans. The elderly Mrs Annie Davies of Treborth, the daughter of the extraordinary Victorian pulpit giant of Liverpool, the Revd Henry Rees, was present on the platform.[72] The climax of the evening was marked by the solo singing of Sam Jenkins.

Glorifying God at Ty'n-y-gongl

The following day was the Lord's Day and the Mission was based at Tabernacl Welsh Presbyterian Chapel, Ty'n-y-gongl, in Benllech.[73] This is a large chapel that could accommodate a congregation of 800 people. The chapel had been filled by 9.00am when Evan Roberts arrived with Mary Roberts, Annie Davies and two ministers, the ever-supportive W. Llewelyn Lloyd and William Pritchard of Pentraeth. Standing in the gallery the soloist Tegfan Roberts was in his element, telling of the worldwide call of Jesus, to those from the south, north, west and east to come to the Church which always has a place for the penitent people.[74]

Evan Roberts spoke after Annie Davies and mentioned the need to see Mount Carmel in all its glory. To Evan Roberts there was '...too much mildew on our thanksgiving to God and too little of the life of spring in our veins and the beauty of summer on our characters'.

In another revealing sentence he went on to state: 'The task of the hypocrite is to be like a Christian, but the work of the Christian is to be as near as one can be to Christ'.[75] On this occasion the testing of the congregation was in the hands of W. Llewelyn Lloyd. Annie Davies repeated the signature hymn of Gwilym Hiraethog and, in the opinion of many present, the meeting at Tabernacl Chapel, Tŷ'n-y-gongl, was one of the most successful. The evening meeting was held in the open-air and this was opened by Mr Vaughan Thomas, London, followed by the Revd William Pritchard and the Baptist minister Towy Jones.

W. Llewelyn Lloyd, Mary Roberts and Annie Davies, the constant companions of the Revivalist, were all present when he spoke on the Wisdom and Baptism of the Holy Spirit:

> The Holy Spirit is with us. I feel its presence here. We do not need to pray for it to come. The Spirit calls all the time and calls on everyone. This is the danger – not to listen to its voice. Did you know what people of old called the Spirit? They called it – something they did not know what. The word for it today is 'the Holy Spirit'. The great lesson is obedience, obedience, obedience.[76]

The last gathering at Llanfairpwllgwyngyll

The Mission to Anglesey was now coming to its end. After Tŷ'n-y-gongl near Benllech, they moved to the last gathering, on Monday night, 3 July 1905, at Llanfairpwllgwyngyll. This was an open-air meeting held in the field behind Rhos-y-Gad, the Welsh Presbyterian Chapel. A large platform had been set up for the Revivalist.[77] The presiding minister was the pastor of Rhos-y-Gad, the Revd W.J. Williams. With him on the platform were a number of ministers from Caernarfonshire including the Revd W.O. Jones, Caeathro, near Caernarfon and the local historian of

Presbyterianism, the Revd William Hobley, Caernarfon, as well as minister of the Welsh Presbyterian cause in Brynrefail since 1884, the Revd Richard Jones, known more widely by his bardic title of 'Glan Alaw' (born and bred in Llanfachraeth, Anglesey) as well as G. Hughes, Penygroes and two stalwarts from the Island, the Revd Thomas Evans and the Revd Richard Matthews.[78] The Revival in Anglesey had begun at Llanfairpwllgwyngyll and it had been estimated that 4,000 people had congregated in the village. They sang, with feeling, the Welsh hymns, in particular those of the famous William Williams, Pantycelyn.[79] The style adopted by the Revd W.J. Williams suited the occasion, and the hymn of John Hughes, Pontrobert, on the need for the Holy Spirit, enthused the large crowd. It was sung in fervour before the sincere prayer: imploring God for his forgiveness and praising him for his salvation in Christ Jesus.

By 7.15pm, Evan Roberts had arrived with his sister, and his supporters, including the distinguished Professor John Morris-Jones of Llanfairpwllgwyngyll, Dr Thomas, Beaumaris, the Revd John Williams of Liverpool (who had been with him throughout the Mission) and Annie Davies, regarded by many as the 'nightingale' of the Revival. The crowd was now around 5,000 in number. Evan Roberts began his address by asking a question:

> Well, friends can we worship here? The Holy Spirit is near and Heaven itself is resting on this service. Beware of the formality of the worship. Yes, remember its greatness, 'God in his Majesty'. He is also our Father and Jesus is our Brother.

Halfway through his homily, the Revivalist broke in tears when he said:

> Thank you for bringing me to my humble self, to go down to my humility.

The crowd were moved by his self-examination; and the service developed into an opportunity for glorious praise, prayers with loud groanings and constant 'Amens'. According to the perceptive correspondent of *Yr Herald Cymraeg* this was one of the strangest meetings of the Anglesey Revival.[80] A hymn in Welsh was sung before the Revd John Williams delivered a substantial address. Hundreds of people, according to the newspaper reporter, were like birds 'uttering words by the throne of grace'. A sincere prayer was offered by J. Griffiths, Portdinorwic: as he prayed, he cried bitterly. More people yielded, and still more, especially after the Revd John Williams tested the meeting. The following day, 4 July 1905, Evan Roberts left the Isle of Anglesey for a large Revival meeting at 2pm on the mainland at Caernarfon. We have to ask now, what was the reaction to his Mission through the length and breadth of Anglesey?

* * *

NOTES AND REFERENCES

1 No. 249 in *Caneuon Ffydd* (the latest Welsh language hymnbook), Llandysul, 2001.

2 No. 205, ibid.

3 The Revd Thomas Charles Williams (1868-1927) was an Anglesey man, through and through. A member of a remarkable family from Gwalchmai on his mother's side, the Charles family, the father and four of his sons were preachers of distinction: John Charles, the father, 1784-1858; Hugh Edward Charles, 1806-1839; John Charles, 1809-1865; William Charles, 1817-1849; David Charles, 1823–1860.

The last two were extraordinarily brilliant communicators. The Revd John Charles was married twice. His first wife, who died in 1817 was Elizabeth Edwards, Trewalchmai whom he married on 21 August 1804 and Mary, Hugh, Edward and John were born to them. After Elizabeth's death he then married Grace Hughes from the parish of Llangwyllog, on 5 March 1818, and their children were William (1819-1849), Eleanor (1820-36), Thomas (1821-45), David (1823-1860), Grace (1825-42) and Margaret (1827-1908) (later mother of Thomas Charles Williams, and the wife of the Revd Hugh Williams). Thomas Charles Williams, the grandson of John Charles, a nephew to five preachers and a son of a minister, was born on 28 August 1868. He was educated at Oswestry, Bala, Aberystwyth and

Jesus College, Oxford from whence he graduated in 1897. He came straight from Oxford to minister at Capel Mawr Welsh Presbyterian Chapel, Menai Bridge, where he remained until his sudden death in 1927. This was his only pastorate. A few details of his mother's family can be seen in *Enwogion Môn 1850-1912*, (Dolgellau, 1913), 15-16, written by Revd Robert Hughes, Valley. There is a note on his father, the Revd Hugh Williams on page 203. His brother, the Revd John Williams, Gwalchmai, was a minister with the Welsh Independents. He died in 1893. For Thomas Charles Williams, see H. Llewelyn Williams, *Thomas Charles Williams* (Caernarfon, 1964).

4 No. 500 in *Caneuon Ffydd*, (Llandysul, 2001).

5 Gwilym Hughes 'Y Diwygiad a'r Diwygiwr' (The Revival and the Revivalist), *Yr Herald Cymraeg*, June 13, 1905, 8.

6 Ibid.

7 Ibid.

8 The Liberal Member of Parliament for Anglesey at the time of the Religious Revival in 1905 was Ellis Jones Ellis- Griffith (1869-1926). A close friend of the Revd John Williams, he was very supportive of the Revival and Evan Roberts. His wife, Mary, was the daughter of the Revd Robert Owen, Mold, and he was a brother-in-law of the Revd William Owen, minister of Webster Road Welsh Presbyterian Chapel, Liverpool, who was another fervent supporter of the Revival. When Rt Hon Ellis Jones Ellis-Griffith died, the Anglesey Presbytery paid him a fitting tribute: 'He was a child of the chapel and the Sunday School and throughout his life he had a high regard of the Ministry. He was full of devout religious feelings, and gained a great deal of comfort from the hymns of the Sanctuary.' See Hugh Owen (Editor), *Braslun* o Hanes *Methodistiaeth Calfinaidd Môn* 1880-1935, (Liverpool, 1937), 16-17, Ivor Thomas Rees, *Welsh Hustings*: 1885-2004, Llandybie, 2005, 86.

9 Evan Richardson (1759-1824) was a native of Cardiganshire. He began his teaching career within his native county, but in 1781 he moved to Brynengan, Pwllheli, and then on to Llangybi, Eifionydd, before settling at Caernarfon in 1787 where his school became extremely important. John Elias was taught at this school. Richardson was the pioneer of Welsh Calvinistic Methodism in Caernarfon, another generous gift from south to north Wales. There is an attractive portrait of him in Owen Thomas, *Cofiant John Jones, Talsarn* (Wrexham, 1874), 829-34.

[10] John Thomas Job (1867-1938) hymnwriter and a Presbyterian minister. He was a minister of the Welsh Presbyterian Chapel of Carneddi in Bethesda from 1898-1917. A native of Llandybie in Carmarthenshire, his hymn on the need for a Good Physician for the world is often sung by Nonconformists. The Revd Thomas Jones was a native of Bwlchyllan, near Tregaron, in Ceredigion. He ministered at Gelli, in the Rhondda Valley, but moved in 1892 to the English-speaking Presbyterian Church of Wales, at Rhostyllen near Wrexham. He was there for thirty years before he moved to the Welsh Chapels of Rake Lane, Wallasey and New Brighton. He was an evangelistic preacher and in his Rhostyllen days was regarded as an enthusiastic supporter of the Revival and Evan Roberts.

[11] The Revd Robert Davies Rowland ('Anthropos': 1853-1944), Caernarfon, thought highly of Evan Roberts. He was a gifted newspaper columnist. He was minister of Beulah Presbyterian Church of Wales, Caernarfon, from 1890 until his retirement in 1933. In *Yr Herald Cymraeg* he wrote of Evan Roberts: 'The work that has been done, and is done through Mr Evan Roberts, is bringing a fruitful harvest to us. The churches have been awakened and are warmer; the Sunday Schools have been revived, and the young people are more alive than ever to the things of the Gospel. Every preacher should make use of the Revival to give of his best, home and elsewhere.' And, he added: 'Many of us cannot be great preachers, but we can be better preachers on account of the new influences that have appeared in our congregations.' According to 'Anthropos' every preacher can be simple, alive and sympathetic like Evan Roberts. See, *Anthropos*, 'Nodion ar y Diwygiad' (Notes on the Revival), *Yr Herald Cymraeg,* June 20, 1905, 5.

[12] A large number of outstanding Welsh Nonconformist leaders were associated with the Anglesey town of Llannerch-y-medd. Either they ministered at Llannerch-y-medd, such as William Williams (Caledfryn: 1803-69), Evan Davies (Eta Delta, 1794-1855) or Rowland Williams (Hwfa Môn; 1823-1905), or they were natives of the area: as was John Hughes (1827-93), Liverpool or Richard Parry (Gwalchmai, 1803-97), a disciple of Caledfryn. It was these men, and others, that endeared Llannerch-y-medd to staunch Nonconformists.

[13] No. 328 in *Caneuon Ffydd,* (Llandysul, 2001).

[14] No. 568 in *Caneuon Ffydd,* (Llandysul, 2001).

15 Gweinidog Pentre Gwyn (Minister of White Village), 'Nodion ar y Diwygiad' (Notes on the Revival), *Yr Herald Cymraeg*, June 13, 1905, 8. I came to the conclusion that 'Anthropos' was the author of this article because of his close connection with *Yr Herald Cymraeg*, printed and published weekly in Caernarfon, and that he was the author of the book that made his name, 'Y Pentref Gwyn', a series of chapters on his early life in Tyn-y-cefn near Corwen.

16 The first full-time minister of the Welsh Presbyterians, or Calvinistic Methodists, at Llannerch-y-medd was the Revd Richard Thomas, who came from Llanllyfni in 1889. Educated at Dublin, Bala and Edinburgh, he was an interesting preacher and very endearing and entertaining as a communicator of the Gospel. After hearing him, the Revivalist, Joseph Jenkins, said: 'Mae e'n dda i gyd ond y clebran yna sy'n ofnadwy.' (He is good all round but the never ending talk is the worst.) Richard Thomas had experienced the Religious Revival of 1859 and although he always used to praise the outpouring of the Holy Spirit at that time, no one in Anglesey was more excited than he was with the visit of Evan Roberts. Everyone in Llannerch-y-medd was ready to allow Richard Thomas to be the officiating minister during the Revival in 1905 for they had a high regard for him. During this time the Presbyterian Chapel gained 100 new members. See, Hugh Owen (ed.), *Braslun o Hanes Methodistiaeth Calfinaidd Môn, 1880-1935.* (Liverpool, 1937), 303-4.

17 Gwilym Hughes, 'Y Diwygiad a'r Diwygiwr', (The Revival and the Revivalist), *Yr Herald Cymraeg*, June 13 1905, 8.

18 It was a memorable day, also, in Holyhead. The Oddfellows Society procession marched through the town and prayer meetings were held at more than one junction. A number of Revival hymns were sung and one of the Oddfellows, who was blessed in the procession, was J.R. Parry, Tyddyn Clawdd. See, 'Odyddion yn canu emynau'r diwygiad Caergybi' (Oddfellows singing Revival hymns Holyhead) *Yr Herald Cymraeg*, June 20, 1905, 5.

19 Huw Llewelyn Williams, *Thomas Charles Williams*, (Caernarfon, 1964) 62-3.

20 Ibid, 63.

21 Ibid, 29.

22 Ibid, 30.

23 Ibid, 31.

24 Ibid.

25 R.P. Williams, 'Evan Roberts yn Môn: Y Genhadaeth yn Bryn-du, Llangefni a Chaergybi,' (Evan Roberts in Anglesey, the Mission in Bryn-du, Llangefni and Holyhead), *Y Tyst*, June 28, 1905, 9.

26 Incredible scenes were witnessed on the Thursday night at Penmount Presbyterian Church of Wales Chapel at Pwllheli under the leadership of two of the Revivalists that came to Bryn-du, Sidney Evans and Sam Jenkins. The correspondent from *Yr Herald Cymraeg* reported: 'it was one of the most wondrous and powerful meetings held here and even anywhere else during the Revival. The chapel, the congregation were overflowing, and dozens were praying, crying, singing and praising God. The procession through Pwllheli that night to the centre of the town was an inspiration to the local chapelgoers. Five new converts had been accepted. See, 'Gohebydd Pwllheli' (Pwllheli Correspondent) *Yr Herald Cymraeg*, June 20, 1905, 5.

27 The Revd R.R. Hughes mentions this in an informative article of reminiscences of the Revival. Evan Roberts and Joseph Jenkins were very much alike in approach in sharing the responsibilities in the meeting. These are the words (translated from the Welsh) of R.R. Hughes: 'Both preferred for others to speak and to recite, than to speak themselves. The success of both, according to him, was to inspire the young people to speak and to recite the wonderful deeds of God.' See R.R. Hughes, 'Ar y Daith' (On the Journey), *Y Goleuad* (The Illuminator), March 13, 1959, 6.

28 William George, *Atgof a Myfyr*, (Wrexham, 1948), 125.

29 A history of the Lloyd George family given in William George, *Richard Lloyd, Cricieth*, (Cardiff, 1934), 132 which includes a photograph of William Williams, co-pastor with Richard Lloyd, of the local disciples of Christ Chapel. That chapel in Cricieth did not take any part in the Revival.

30 William George, op cit, 125.

31 Ibid, 31.

32 A talented and useful person from Merionethshire was David Robert Daniel (1859-1931), a great friend of David Lloyd George. He was appointed in 1896 as secretary of the North Wales Quarrymen Union and he was very active up to his death on 14 September 1932. He was laid to rest at Cefnddwysarn, near his native hearth at Llandderfel.

33 He had a brother, Evan Jones, who had been a missionary in Brittany, since 1886. See J.H. Morris, *Hanes Cenhadaeth Dramor y Methodistiad Calfinaidd hyd ddiwedd y flwyddyn 1904,* (Caernarfon, 1907), 443.

34 Hugh Hughes, Y Braich, was a charismatic Welsh Wesleyan Methodist evangelist who prepared the way for the Revival in Gwynedd. He gave great support to the Evan Roberts's Mission in Anglesey, as did William Hughes from the same area. Between 1895 and 1898 he conducted regular mission services at the Pavilion in Caernarfon, filling this massive building with 10,000 people for five weeks. Special trams were arranged and over 500 converts praised his preaching. See the references to him in R. Tudur Jones *Ffydd ac Argyfwng Cenedl: Hanes Crefydd yng Nghymru, Cyfrol 1,* (Faith and a Nation's Crisis: The History of Religion in Wales, Vol. 1), 116, 198-9.

35 The Revd J.H. Williams was an enthusiastic supporter of the Revival. He came as minister of Moriah Welsh Presbyterian Chapel, Llangefni in the summer of 1904 and stayed until 1910. Previously he had been minister for the village of Dwyran, in Anglesey. Huw Llewelyn Williams (ed.), *Braslun o Hanes Methodistiaeth Calfinaidd Môn,* 1935-1970, (Dinbych, 1977), 291-2.

36 No. 312 in *Caneuon Ffydd,* (Llandysul, 2001).

37 Stephen Morgan, Sidney Evans (1883-1960) [in] *Vehicles of Grace and Hope: Welsh Missionaries in India 1800-1970,* ed. by D. Ben Rees, Pasadena, 2002, 46-7.

38 R.R. Hughes, 'Ar y Daith', *Y Goleuad,* March 13, 1959, 6.

39 Ibid.

40 R.P. Williams, op cit, *Y Tyst* (The Witness), June 28, 1905, 9.

41 Ibid.

42 Ibid.

43 A conference was convened on this day at the university town of Bangor as a Day of Thanksgiving for the Revival and its blessings in Anglesey, Arfon, Liverpool and Wales. The proceedings were opened by the Revd Rowland Rowlands, Horeb and here we summarize the main themes of his speech. To him the most important aspect of the Revival were the converts and it was important for the chapels to be spiritual homes for all of them. Then the Baptist historian and librarian, the Revd Thomas Shankland, spoke. To him, the Revival was important as it had brought a seriousness to the life of Wales and was able to overcome the tendency to put too much emphasis on sport and, also, it

safeguarded Christian standards of behaviour. Rowland Hughes emphasised the positive aspects of the Revival: the supernatural had been given its rightful place, in Anglesey and in Bangor. Religion again was a priority, there could be no reconciliation between the chapels and the public houses; and there was no need to show any sympathy with the Established Church! The Revd Henry Rees Davies emphasised the social implications of the Revival. Our eyes had been opened, wider than ever, to our responsibility for the poor. Nonconformity had to care much more for the poor street urchins. Jesus wanted to be a benefactor to them. The conference emphasised the need for the chapels to influence every aspect of society and the nation. Faith was intended to leaven the life of society. This was the salt in our lives. A prayer meeting was held in every one of the chapels in Bangor that night. See, Di-enw (Anonymous)'Y Diwygiad yn Mangor', (The Revival in Bangor) *Y Cymro* (Welshman), June 29, 1905, 6.

44 The news came through from the County Court in Beaumaris that Judge Phillimore had sentenced two workers from Holyhead to prison for breaking into Ebenezer, the Welsh Presbyterian Chapel at Kingsland, Holyhead on 19 April and taking a number of items. Thomas John Williams (29 years of age) was sentenced to nine months imprisonment and Thomas Jones (25 years of age) to seven months in prison.

45 R.R. Hughes, ibid, 6.

46 John Moses, Tyddyn Bach, Holyhead, was a talented person and well-known as a catechiser of children. He also had a reputation as a man of prayer, but he tended to be somewhat longwinded in the prayer meetings at Ebenezer Chapel. The barrister, Sir Ellis Jones Ellis-Griffiths, MP for Anglesey, said that he had never heard a more outstanding orator than John Moses. He died in 1917. Huw Llewelyn Williams, ibid, 197.

47 R.R. Williams, ibid, 9.

48 R.R. Hughes, ibid, 6.

49 Gohebydd Arbennig (Special Correspondent), 'Cenhadaeth y Gogledd' (The Mission to the North), *Y Cymro* (Welshman), June 29, 1905, 8.

50 Lewis Prothero, Chief Constable of Anglesey during the Revival, was an elder at Capel Mawr, Menai Bridge. He was a fervent temperance man, a convinced Nonconformist, and a believer in prayer. He did everything possible for the success of the Evan

Roberts Mission in Anglesey as far as law and order was concerned. He was the first Welsh-speaking Nonconformist to be appointed Chief Constable of Anglesey. Lewis Prothero served as an elder in four different chapels in Anglesey: Llandegfan (1897-1900); Menai Bridge (1901-05), Moriah; Llangefni (1906-1917), and at Beaumaris (1918-1926). He died in 1926.

The Revival in Anglesey was fortunate in the weather. During June, according to Thomas Ruddy, Corwen, there were 189 hours of warm sun, with the temperature rising to 82.5^{0}F in the shade. Rain fell on four days, between 16 and 20 June, but the last week in June was extremely hot. It was the same in 1902, with a pressing need for rain. But, as Ruddy indicates, the countryside was a paradise: so beautiful and with plenty of wild roses and other flowers. One can read the comments by Thomas Ruddy, 'The Weather in June', *By-Gones*, July 12, 1905, 90-1.

51 No. 523, in *Caneuon Ffydd,* (Llandysul, 2001).

52 The Presbyterian Minister at Brynsiencyn during the Revival was the Revd Thomas Hughes, and he took a prominent role in leading the local church to experience the blessings of the Revival. The visit of Evan Roberts provided more motivation for a number of young people to involve themselves in the service of Christ. It was said by a local historian that 'the heavenly fire was re-kindled on many an altar and a number came anew to consecrate themselves to the work of the Lord'. See Hugh Owen, ibid, 221.

53 Hugh Roberts (1830-1912), Liverpool, was born in Aberffraw, Anglesey, and had moved to Liverpool in 1848 where he contributed immensely to the Calvinistic Methodist ministry as preacher and missionary. He possessed a good voice and had a fine presence, and in 1910 he was honoured by Anfield Road Welsh Presbyterian Chapel in Liverpool. He was buried in Anfield Cemetery his obituary appearing in *Y Goleuad,* July 31, 1912. See, R. Hughes, *Enwogion Môn, 1850-1912* (Dolgellau 1913), 160-1.

54 The Revd Ishmael Evans (1843-1922) was a prominent minister in the Welsh Wesleyan Methodist denomination during the Revival in Anglesey. He was born at Llannerch-y-môr and died in Caernarfon on 2 April 1922. Ishmael Evans became the fifth President of the Welsh Wesleyan Methodist Conference. This had been established in 1899 on the pattern of the British Methodist Conference. The 1903 Conference was held in Pontypridd. In his capacity as President, Ishmael Evans gave an address on the subject, 'Education and the

Church'. This was published in the monthly magazine of the denomination, *Yr Eurgrawn*, 1903, 329-336. See Eric Edwards, *Yr Eglwys Fethodistaidd*, (The Methodist Church), (Llandysul, 1980, 17).

55 Gohebydd, 'Y Diwygiad ym Môn', *Yr Herald Cymraeg*, Tuesday, July 4, 1905, 7.

56 Ibid.

57 Ibid.

58 Ibid.

59 Ibid.

60 Ibid.

61 Ibid.

62 Ibid.

63 Ibid.

64 Ibid.

65 Ibid.

66 Ibid.

67 Ibid.

68 Ibid.

69 Ibid.

70 Ibid.

71 'Deiniolfryn, y Parchedig Peter Jones, Rheithor Llanddona', *Y Geninen* (The Leek) Vol. XXIII No. 1, January 1957, 67.

72 In 1855, Anne Rees had married Richard Davies (1818-96), a wealthy merchant in Menai Bridge. In 1868, he was elected, without any contest, as the Liberal Member of Parliament for Anglesey, and remained its MP until 1896. Davies was the first Nonconformist to be the MP for the county, the first Nonconformist to become a magistrate, and the first Nonconformist appointed as Lord Lieutenant. His brother Robert Davies (1816-1905), was a very generous benefactor to a number of good causes, including the Calvinistic Methodist Connexion; the University of Wales College at Bangor; Capel Mawr, Menai Bridge; the Salvation Army, as well as the Forward Movement of the Calvinistic Methodists. His favourite hymn was 'Iesu, Iesu rwyt ti'n ddigon' (Jesus, Jesus, though art everything). For more on the two brothers see R. Hughes, *Enwogion Môn 1850-1912*, Dolgellau, 1913, 21-24, 66.

73 Gohebydd, 'Diwedd y Genhadaeth yn Môn' (The end of the Mission to Anglesey), *Yr Herald Cymraeg*, July 5, 1905, 8.

74 Ibid.

75 Ibid.

[76] Ibid.
[77] Ibid.
[78] Ibid.
[79] Ibid.
[80] Ibid.

CHAPTER III

Reactions to the visit of Evan Roberts to Anglesey

One can make a number of observations on the Mission conducted by Evan Roberts and his team within Anglesey. The Revival brought a substantial boost to the temperance movement. For example, a number of public houses at Llanfairpwllgwyngyll were closed; and it became fashionable to bring in temperance propaganda to the Revival meetings.[1]

A new vigour in the chapels

Secondly the Revival brought renewed vigour to chapels of every denomination in Anglesey as well as to a number of Anglican churches. The largest denomination on the Island, the Presbyterian Church of Wales, did well and its communicants rose from 11,175 in 1904 to 13,059 in 1906. In every area, the numbers attending the Sunday Schools, adults as well as children, increased and a number of new buildings were constructed in out of the way places to accommodate enlarged Sunday Schools so making it easier for those attending morning and evening services at their usual chapels. But above all else, what the Revival did in Anglesey was to nurture people to pray in the services, especially those who had been shy to address God without the help of written prayers (as in the Anglican tradition). A hundred years later this is now on the decline in all the traditional Nonconformist denominations. The Revd Thomas Charles Williams had alerted his fellow Presbyterians at the Whitsun Meetings held at Sun Hall, Kensington, Liverpool, in 1900, as to the few members who took part in prayer meetings:

> It is difficult to get anyone to pray publicly. We speak of formalism and such matters. It seems to me that we will become formalists soon if we don't have a Revival: very few in every church take part in the public worship, and they are getting less every year, and, if circumstances carry on as they are, it seems that one person will have to pray for everyone, because the Church does not fulfil its responsibilities. The best defence would be to have an outpouring of the Spirit which inspires the hearts of men.[2]

He went on to express his joy that this awareness had occurred when he presented *Hanes yr Achos* (The History of the Cause) within the Presbytery of Anglesey to the North Wales Association of the Presbyterian Church of Wales that had met in Llannerch-y-medd in June 1907. He was now aware that a new generation of praying people had appeared, he maintained. He gave specific examples.

New life at Parc Chapel, Llannerch-y-medd

One was the chapel called 'Y Parc' in the Amlwch District. Here, the number of individuals who were able to pray in public was most encouraging.[3] The prayer meetings became popular and a number of chapel people followed the footsteps of Abraham Parry (who died in 1923) to become outstanding men of prayer in the local community. Thirty years later on, in the 1930s, it could be claimed that the impact of the 1904-05 Revival on the life of Parc Chapel was still evident.[4]

Spirituality at Bosrah and Armenia

In another country chapel, 'Bosrah' at Pen-y-sarn, one would meet Hugh Hughes, Tŷ Uchaf, who was endowed with spiritual insights as a man of prayer. The Revival did good in the mission hall known as 'Ponc yr Efail' which belonged to the Welsh Presbyterian Chapel of Armenia in Holyhead. The Revival had changed attitudes within the community. And from 1905 until the missionary hall ceased to function, a prayer meeting was always held on Sunday evenings, demonstrating, according to one local historian, how the 'Revival fire' had been sustained for generations.[5]

New life at Tŷ Rhys Chapel, Llangoed

The Tŷ Rhys Chapel in Llangoed which has been so supportive of the need to remember the Revival was another. example. Over a hundred individuals had joined the chapel and elders of the calibre of John Thomas, Cefni House, and Hugh Hughes, Arwel, were men who emphasised holiness and righteousness.[6]

Input of young people at Newborough

The Presbyterian Chapel at Newborough, known as 'Ebeneser', was enriched by the Revival. Forty-five adults had become members as a result of the visit of Evan Roberts; and another consequence was the setting up of a Young People's Prayer Meeting held after the Sunday morning service for generations.[7]

Praying at Gaerwen

The young people were influential, also, at the Presbyterian Chapel of 'Disgwylfa', Gaerwen. Praying became the most single important activity in many of the Sunday services and in the Sunday School.[8] In general, the leaders of the chapels were very wise people.

Conflict and the converts

But the Revd T.C. Williams does mention the small quarrels that occurred; and he paraphrases the Song of Solomon, mentioning the 'little foxes' that did damage to the vineyards. But to this charismatic preacher, these features were 'a natural reaction after the spiritual experiences of the Revival'.[9]

But the biggest problem, according to the Presbyterian minister from Menai Bridge, was that the 'warmth of the Revival' was 'not always as obvious within the official circle as it was outside...'. A conflict arose, sometimes between the young people and the elderly, sometimes between the most enthusiastic members and those officers of the chapel who had not experienced conversion. This did not happen everywhere, such as the chapel referred to in Gaerwen.

Faithful witness at Gaerwen and Llanfairpwllgwyngyll

Some of the leaders in Gaerwen, like Evan Parry, a blacksmith by trade in the hamlet of Pensarn Berw (Holland Arms), had been converted in the Richard Owen Revival in the 1880s. Parry was elected an elder in 1908, a very wise move on the part of the members which did not happen in every chapel.[10] In Rhos-y-Gad Chapel, Llanfairpwllgwyngyll, the elders, under the leadership of the Revd W.J. Williams, gave the young people plenty of freedom to be involved. Before Evan Roberts came to Llanfairpwllgwyngyll on 3 July, at least 70 of them had become members and dozens of others entered the fellowship of Ebeneser Independent Chapel and Salem, the Welsh Wesleyan Chapel.[11] The fruits of the Revival were very evident in Llanfairpwllgwyngyll in its sense of brotherhood and in charity work, in the general morality of the village with the long name. The Revival had generated sufficient enthusiasm that all except one of the public houses had been closed.[12]

The verdict of (Sir) John Morris-Jones

This is the evidence of one of the villagers, one of the most famous of its inhabitants, Professor John Morris-Jones who was knighted in 1918:

> A notable feature of the Revival is the gift of expression in the Welsh language exemplified by a number of people whom we thought had no such talent. I never heard anything more powerful than the prayers of some of these young people whom I thought had no literary gifts. I thought they were perfect in their expression and utterance.[13]

This is a very unusual tribute from a scholar who changed the whole literary style of Welsh writers in the last decade of the nineteenth century. Professor Sir John Morris-Jones went on to enlarge on this statement:

> Is feeling the only element of the Revival? No. Take the young people of the village where I live, fifty to sixty of them. They were, six weeks ago, thinking only of football, but now they are hungering for the word of God and committed to Jesus and righteousness. Is feeling alone responsible for this? I desire great things of the Revival. In the earlier Revivals everyone was thinking that the important thing was to get his own individual soul saved. But in this Revival emphasis is given on care for others. The public houses are closed. The three that were in this village until Christmas 1904 were doing brisk business. Now they can close their doors.[14]

Fruits of the Revival in five chapels

Thirty-one new members joined Sardis Chapel in Malltraeth.[15] Young supportive people were the fruit of the Revival in Soar Chapel, at Aberffraw, where 21 became new members.[16] The chapel called 'Gad' in the village of Bodffordd, near Llangefni, experienced a similar new spiritual dynamism and the elder, Richard Evans, Ty'n Llan, was extremely pleased. He was an exceptional person, becoming a Sunday School teacher before he was ten years of age, remaining an elder from 1889 until his death in 1920, and one that believed, implicitly, in the power of prayer.[17]

The chapel of 'Cana', in Rhostrehwfa, on the outskirts of Llangefni, had nurtured a generation of praying people amongst the young people, as a result of the Religious Revival. The anonymous historian of the cause, mentioned how they brought into the chapel, 'nine people who had wandered without a compass in life or consideration for others'.[18]

Jerwsalem Chapel at Gwalchmai had been thrilled by the fact that they had nurtured two of Wales's greatest preachers, two of Evan Roberts's greatest supporters: Thomas Charles Williams, son of the Revd Hugh Williams (1856-1911), and Thomas Williams, son of the temperance advocate, Peter Williams, (had died in 1896).[19] But Jerwsalem Chapel, had benefited extensively from the contribution of the local headmaster, Thomas Jones. He came to Gwalchmai from his home county of Cardiganshire in 1891 and he was elected an elder in 1900:

> His extensive knowledge and his sympathy with the young people of the chapel, as well as his obvious religiousness were vehicles of holiness and a stimulation to the growth of the Church.[20]

Jones had been inspired by the 1904-05 Revival and he re-consecrated himself to the work of his Saviour and the leadership of the Church. William Lewis, Tal-y-Llyn, was a man similar to Thomas Jones. He served the chapel called 'Dothan' at Tŷ Croes, becoming an elder in 1909. But it was said of him that he was a man who brought 'Heaven itself, in all its glory to a prayer meeting'.[21]

The prayer life of six Anglesey chapels

The religious hearth at the Presbyterian Chapel of Llangwyllog was revived and a large number of people began to pray publicly as a result of the Evan Roberts Mission.[22] It was the same at Bethesda chapel, Cemaes.[23] Bethlehem Chapel at Garreg-lefn, in the Amlwch District, experienced the fall-out from the Revival and a Prayer Meeting was held every night for months after Evan Roberts's visit to Anglesey.[24]

The Presbyterian Chapel at Rhos-goch received the blessings of the Revival when they met at the Penygarnedd schoolroom and this proved a great blessing to the fellowship.[25] The young people of Libanus Chapel at Llanfechell were similarly awoken spiritually and they were motivated by an urge to work for the Kingdom of God and to pray, with urgency, for lost souls. A prayer meeting was held on the day that the Mechell Fair was held, with Libanus packed full to its doors in contrast to the empty public houses, and in the main deserted street of Llanfechell.[26] The Revival hymn singing in Llanfechell was infectious under the guidance of Hugh Parry Edwards, a saintly person elected an elder in 1904.

Similar scenes were witnessed in the chapel known as Bethel Hen in Llanrhuddlad. The number of individuals who were ready to pray in the weekday meetings grew and, as a result of the Revival, the chapel received 28 conversions, who became new members. Another parish, which benefited from the Revival, was Llanfair-yng-nghornwy. It is most interesting to find that there is no reference to the Revival in the interesting book on the parish: *Ardal Wyllt: Atgofion am Lanfair-yng-nghornwy* (The Wild Area: Reminiscences of Llanfair-yng-nghornwy) but from other sources we do know that the loyalists at Salem Welsh Presbyterian Chapel were given a boost in membership through the Evan Roberts Mission.[27] As a result, also, a number of young people began to take a more positive interest in the work and witness of the chapel.[28]

Praising God at Llanallgo and Dothan

Some of the Anglesey chapels, such as Moelfre Chapel in Llanallgo, enjoyed a very well-known musical tradition and through the efforts of William Roberts, Bryn Engrad, Yr Ysgol Gân (a musical School) was held every Sunday afternoon for nearly fifty years.[29] In Dothan Chapel the precentor, Thomas Edwards, made a point of choosing the popular hymns of the Revival (See Appendix 1) for the services – hymns, such as the translations of John Roberts (Ieuan Gwyllt) who had been involved in the 1859 Religious Revivals in Liverpool and Aberdare.

Criticism of the Revival

The Presbyterian chapel in the small village of Talwrn received the outpouring of the Holy Spirit. A number of new converts joined the chapel but a local historian makes the comment, 'within three years, the love of many for the religious cause was cooler'.[30] This sad remark is reinforced by the Revd E. Tegla Davies in his reminiscences in *Gyda'r Blynyddoedd* (With the Years). He came as a young Welsh Wesleyan Methodist Minister to the Beaumaris circuit and admitted 'There were only two years since the end of the Revival when I went there, but there was very little of its influence on the spirit of the churches.[31]

Tegla, himself, was an anti-Revival minister thus his comments were not always valid to other churches and chapels of Anglesey.

The stickability of the converted

Many of those converted in the 1904-05 Revival were enthusiastic for the rest of their lives. That was the evidence from Peniel Presbyterian Chapel, Porth Amlwch, with regard to Richard Jones of Bryn Tirion. The spirit of the Revival was heard in all his utterances from 1905 until 1962, a period of 57 years.[32] The small chapel of Jerwsalem, Mynydd Mechell (Mechell Mountain) lost two enthusiastic sons of the Evan Roberts Revival in 1943, within two days of each other: John Roberts of Yr Ogof and John Jones of Twll y Clawdd, two elders of the Christian community since 1909. It was said of them, 'two men who had felt the impact and the atmosphere of the Revival'.[33] One could hear the nuance of the Revival always in the prayers of Richard Owen (1890-1960), Crug Bach, in the Pen Carnisiog area. His family were Wesleyan Methodists but Richard Owen was caught in the gospel net of the Revival when he was a mere 15 years of age. He was to serve Hebron Chapel, Bryngwran, faithfully and was elected an elder in 1950.[34]

In the chapel at Dwyran village there was a nest full of Revival converts. Two, in particular, enriched every gathering with their contributions. These were Iolo Môn and Owen Williams of Ty'n Llidiart (who died in 1954) – men converted dramatically in the Revival of 1904-05, who reminded everyone of its blessings. Owen Williams often would quote in his prayers a Welsh lyric. This reminded his listeners that they all could receive the blessings of God in the school of life by following the teachings of the Prince of Peace. Who knows, says the lyric, as a sinner I will be 'taught in love, for Christ has all the gifts that I need as a pilgrim'.[35]

The situation was the same in Gosen Chapel, Llangwyllog, when they held a prayer meeting and were led in the devotion by John Pritchard of Tŷ'n Rardd and by David Morgan of Tŷ Mawr. The 1904-05 Revival had enriched the spirituality of these two cultured men and their prayers were a source of gladness for the regular members of Gosen Chapel.[36] It was the same in the Presbyterian Chapel of Brynrefail, Dulas, when William Lewis, Tŷ'n Lôn, would take part. He was a serious man, who read widely the newspapers and journals of his day, and who had first-hand experience of the Revival. He was a leader at Capel Brynrefail for years and they were fortunate, also, to be able to enjoy the fellowship of the Revd Hugh Hughes when he retired back to his native county. He moved back to Anglesey from Bangor, Pennsylvania, USA, at the beginning of the twentieth century. Hughes died in 1908 after experiencing the fruits of the Revival at Dulas.[37]

New chapels built during the Revival

Another example of the impact of the Revival occurred at Penucheldref Chapel, Llansadwrn. They had extended a call in the first year of the Revival to a student, Owen Thomas from Brynaerau in Caernarfonshire, at the then Theological College of the Presbyterians in Bala. He arrived when the Revival had reached its zenith. He contributed much to the enthusiasm of the Revival in his new abode, with the result that the chapel was rebuilt and extended. The Revd Owen Thomas proved to be a first-class administrator and a seer. The new chapel of Penucheldref was opened in 1906.[38]

A new Presbyterian chapel was built, also, at Tŷ'n y Maen during the Revival. Previously the meetings had been held in an empty house known as Tŷ'n y Gors. The chapel was baptised by the powerful influences of the Revival. In the Revival fire more and more of the ordinary members gave themselves in consecration to serve the Lord of Life in the new chapel. In addition, yet another Welsh Presbyterian chapel was opened at Bryntwrog, at the cost of £750, in the very year that Evan Roberts visited Anglesey.

Blessings of the Revival to the communities

The Revival brought many blessings to the communities in Anglesey. The Revd Thomas Charles Williams claimed that the Revival had sobered the county. Moreover, the consciences of leaders in local government were stirred. Now, the cry came for better housing, fairer wages for workers whilst the drinks trade were curbed in so far as the opening hours and the licensing applications for selling alcohol were concerned. As the Caernarfon-based minister 'Anthropos' testified during the

Anglesey Mission, it was Nonconformity that gained most from the Revival.

Enhancing the Welsh language

Another important aspect of the Revival was the support it gave to the Welsh language. Both Professor John Morris-Jones and 'Anthropos' pointed out that Welsh was greatly enhanced by the Revival which also endeared the use of the language to the people. Just before the end of the Mission of Evan Roberts to Anglesey in early July 1905, 'Anthropos' wrote in *Yr Herald Cymraeg*:

> There has never been more or indeed as much support in speaking and reading the Welsh language as in these last months. The English language has been oppressing us greatly and some people thought that we would have to convert the worshipping places into English ones immediately. The old Welsh tongue was struggling for its survival and has been injured daily in the house of its friends. But a different situation has arisen. We have seen the spirit of the Revival sweeping through the country and making the pure Welsh a vehicle of its influences.[39]

Evan Roberts insisted that his Mission should be through the Welsh language only, though he had a large number who tried to persuade him in the Liverpool as well as the Anglesey Missions, to compromise and give much more prominence to the English. But he did not compromise. One has to admire him for his stand on this particular issue. By the end of the Anglesey Mission Evan Roberts was under a great strain. But, due to the great impact of his Mission the vitality of Welsh Nonconformity was moving into other spheres, to the world of entertainment, sport, to the world of poetry and the Welsh literary Renaissance, manifested in the new poetry of T. Gwynn Jones, Silyn Robert and W.J. Gruffydd.[40] Many of the leaders of Nonconformity in Wales were now to make important contributions themselves to Welsh literature.[41]

They also concentrated on education. David Lloyd George suggested that the Government of the day had exploited the fact that the interests of the Welsh nation had been concentrated on the Revival. His words were: 'Ond peth peryglus yw aflonyddu ar genedl pan fo ar ei gliniau.' (It is dangerous to disturb a nation when it is on its knees).[42]

Conclusion

It would be a mistake to conclude that the Revival had influenced every part of Wales as it had all over Anglesey. The Revival was not so far-reaching in its impact in Flintshire or in Denbighshire, in the north; nor in Pembrokeshire in the south-west or in Radnorshire in mid-Wales.[43] But it was a profound influence throughout Anglesey and its impact was to be heard for many years in the speech and preaching of some of the Island's more charismatic preachers. The Revd Dr Thomas Williams, Holyhead and Gwlachmai, died on 12 January 1942 and right up to the end of his earthly pilgrimage one could recognize the power of the Revival in his preaching, on subjects such as 'Llwybr y Groes yw Llwybr y Goron' (The Path of the Cross is the Path of the Crown), (based on the Gospel of Matthew 16: verses 21-24), or on the theme of the 'eternal Jesus Christ' (based on the Epistle of Hebrews 13: verse 8).

Indeed, the impact of the Revival was to be carried throughout Wales when the talented men of God of Anglesey were invited to preach in the Associations. This happened in the South Wales Association of the Presbyterians held in Aberporth in 1924, three miles from the village of Blaenannerch, where the Revival had began originally in the conversion of Evan Roberts, 20 years earlier. The Revd Dr Thomas Williams was in full flight and his oratory had possessed him when he quoted two well-known lines from a hymn of William Williams the doyen of Welsh hymnwriters: 'Ni fuasai gennyf obaith, Am ddim ond fflamau syth – '(I would have no hope, For anything but the flames of hell).

'If I preached in south Wales,' he said, 'during the Revival, I would not have been allowed to finish that old verse.' 'You will not be allowed to finish it tonight,' said one of the congregation. A man then began to sing on the old melody of Bryniau Cassia the words:

Oni buasai'r hwn a hoeliwyd
Ar Fynydd Calfari
O ryw anfeidrol gariad
I gofio amdanaf i.

(If the one who has been healed
On Calvary Hill
Salvation, full Salvation,
'Tis Offered you and me).[44]

Everyone in the large crowd stood on their feet, at least 4,000 of them; and the women of Aberporth and district moved nearer the platform, some with babies in their arms, so as to be literally at the feet of the outstanding pulpit giant of his day. The Calvinistic theologian, the Revd Dr Cynddylan Jones, Cardiff, had been completely floored by this popular preacher, the son of Gwalchmai village. His response was simply to say: 'This is a Pentecost'.

According to two Presbyterian ministers, the Revd Robert Ellis, Tŷ Croes, near Ammanford, and the Revd Eliseus Howells of Blaengarw, they had all experienced the abundance of the Spirit probably never experienced since the days of the 1904-5 Revival.[45] The sermon was on two themes: 'The Cloud of Witnesses' and 'Run the Race of Life'. The Revd T.H. Morgan, minister of Babell Chapel, Cwmbwrla, Swansea, stayed at the same house in Aberporth as the preacher and his words to him were: 'It is impossible, Thomas Williams, for you to have a similar service to the evening's experience at Aberporth, again, this side of heaven.' 'Thank you,' Thomas Williams said to his ministerial colleague, 'but let us go on our knees to God to express our thanks for tonight's service.'[46]

We are grateful, also, for the personality of Evan Roberts himself.[47] He loved the inhabitants of Anglesey and was grateful for those who gave him total support on the Island; and that he kept before the eyes of the crowds the motto that he gave to the deputation that had invited him originally, at Nantymoel, *Cofio'r Gwaed* (Remember the Blood).

A collection of hymns and tunes for the Anglesey Mission was brought together, edited and published especially for the Mission. Some of these had been written by those ministers who used to give sterling loyalty to the ex-coal Miner. They included hymns written by the Revd Evan Rees (Dyfed), who served for years as an Archdruid, the Revd J.T. Job, who ministered during the Revival in the nearby slate quarrying town of Bethesda, and the Revd R.D. Rowlands ('Anthropos') and this collection included tunes composed by the Reverend R.O. Williams, Minister at Porth Amlwch. This collection contains the famous three-verse hymn of Dyfed, *Cofio'r Gwaed*. In the first verse he mentions the reconciliation that comes through the power of the Cross of Calvary. In the second verse he praises the Lamb of God, who has turned our lives of sterility to lives of love and light. In the last verse the poet-preacher reminds us of the atonement which was fully paid on the Cross of Calvary. 'Our praise will never cease for it includes our earthly pilgrimage and our heavenly existence.'[48] Fallen man in the theology of Dyfed, including Evan Roberts himself, were unable to understand anything fully and properly because, 'without a God-centred worldview, the Cross and life makes no sense'.

The Revivalist ended his work in Anglesey in early July, 1905. A few months later, in March 1906, Evan Roberts left Wales for the outskirts of Leicester. This was a big disappointment to many. But to the journalist E. Morgan Humphreys, a perceptive commentator who was completely under the charm of the Revivalist, this was not a great surprise. He compares Evan Roberts to what happened to the heroine of the Crimean War, Florence Nightingale:

> Remember that Florence Nightingale spent the rest of her life of over fifty years after the Crimean War in seclusion; a great deal

> of her time in her bedroom for her health had been severely disrupted by her efforts in the Crimea.[49]

As a journalist who had come to know Evan Roberts during his Revival meetings in Liverpool and Anglesey:

> It was impossible not to respect his mental abilities, some of his addresses were brilliant, they never included any sign of superficial appeal to the emotional feelings, and it is a great mistake to regard Evan Roberts as a religious spell-binder.

Later on E. Morgan Humphreys was to conclude:

> He was a quiet speaker, his words and his pronunciation was clear, his spirit lovable and his thought orderly.[50]

Remember that the Revival also had its adherents in nearby Caernarfonshire and in Merionethshire long after Evan Roberts had left Gwynedd for his home in Loughor. New voices and personalities came into prominence. One of the most extraordinary of these was Mrs Mary Jones of Islaw'r Ffordd, Dyffryn Ardudwy. Many testified that supernatural lights were seen in the heavens around her home and accompanying her on her many evangelistic journeys. Crowds flocked to see her and to hear her comforting message. She was committed to the world of prayer. Her prayers had an unusual quality to them. The God she revealed was personal and purposeful and she was never brief when she addressed him in the public gatherings. Many a public prayer of Mary Jones would last three-quarters of an hour!

In this concluding chapter perhaps we can accept the last word of the urbane solicitor, William George, the brother of David Lloyd George. William George spent a whole afternoon in the company of Evan Roberts who had been invited to his family home to enjoy the peace and beauty of Eifionydd during the Anglesey Mission. William George commented:

> Three Revivals and three wars in a period of forty years! Drunk on the Holy Spirit in the Revivals, and on the blood of the enemies in the wars, and the people looked as enthusiastic and sincere for the two causes...[51]

William George goes further:

> To me, these contradictions are signs of a weakness in the moral and spiritual constitution of the Welsh nation. A breeze blows to Calvary, and a stronger breeze throws us to the fields of blood, and this is the history of the ordinary people. This at least is the history of the Welsh people during the last fifty years.[52]

These judgmental words were written in 1948 and they deserve our consideration. How many of the young people that prayed and praised fervently in the Anglesey meetings in June and July 1905 subsequently were to be fighting in Flanders in the First World War? How many of them were to lose their precious lives? One thing, however, is certain: as a result of the Revival, Welsh Nonconformity was to have its witness extended for at least another century. Without the 1904-05 Revival most of the chapels would have ceased to be powerful institutions in their local communities.[53] Long before the Second World War many of these Bethels would have closed their doors much earlier than they have done in the Thatcher to the Blair years. A hundred years later, the writing seems to be on the wall: it is strange that we are celebrating the Revival everywhere in Wales instead of praying and preparing for another Revival. It is a good question to ask: How many of us desire similar experiences in 2005? Indeed let us read again the last question that Evan Roberts gave to the large crowd gathered at Llanfairpwllgwyngyll on 3 July 1905: 'A yw Iesu Grist yn werth ei dderbyn?' (Is Jesus Christ worth accepting?)

Evan Roberts could not escape from the setting and his experience of the Mission to Anglesey. Indeed, he sent a message from Cardiff to those he called 'the dear saints of Anglesey' at the beginning of January 1937. This was his last epistle to Anglesey which is typical of the florid style of Evan Roberts:

> When mentioning a Revival, the tendency is to think of the many instead of the few; thinking of the powerful word much more than the breeze from Calvary hill.
>
> We imagine the flood as much more than a quiet and slow river. We imagine the sea at full tide much more than the 'beautiful shower in the morning and another one in the afternoon.' We remember the sacrifice much more clearly than the days of the small things. We dream of banquets, and forget that it is 'through the sweat of thy face that thou shalt eat bread.' We look at a garden of flowers: yes, a garden well stocked, and get tired of reciting the story of the struggle of a plant to survive in an arid place. It is not a struggle we desire, but the quiet journeying of a boat which is taken away by the tide.

Then Evan Roberts continues in his epistle to Anglesey:

> In one sense, the end result of the journey is the coming of a Revival. In another sense, it is the gift of God. The truth stands in both definitions. Even, in a Revival there are 'spiritual fathers' who carry burdens to bring spiritual life to sons and daughters. While working to prepare for the Revival it would be good to remember that all the resources of God and the whole Universe is at the service of the Church.
>
> Where are you, preachers of Anglesey? You are the artists of the Anointed. You have the best canvas – the canvas of the mind washed in the blood; and you have the most costly colours – the colour of the super wonderful Gospel of Christ; and the one who sits in your studio is the greatest model of the centuries – none other than the Lamb of Heaven. The Royal Sitter is Christ Jesus the Lord. Now, what kind of Christ is placed on the canvas in the year 1937? I hope it will be good and correct, according to the traditions of the splendid men of the Word of

God in Anglesey. Hang it well before the eyes of every man, and it will then become an apt attraction in the Academy of the experiences of this generation – Evan Roberts.[54]

Two thirds of this greeting would be regarded today by most people as quaint, that it is somewhat flowery in style and says very little. But in its own day, and even in 1937, this style was usually regarded as very acceptable. While some of his homilies lack references to theology and were not even grounded in the Scriptures, the questions asked by Evan Roberts in Revival meetings are still very relevant. But there is one thing that, as a minister of religion, I do know: in 2005 our Welsh and English chapels and churches in Wales and elsewhere (as for example London or Liverpool) need to be revitalised by authentic preaching and the prayers of the dedicated. Our biggest need is to pray for the Holy Spirit to come: we hear these days of the need to experience much more of the Spirit of Christ. The Revd W. Bryn Williams, of Bala, who began his ministry in Anglesey, in a Conference at Trefeca, stated in 2004: 'The overwhelming desire to pray can be a sign that a Revival is near. But this praying should go with our way of life and with relationship with the world.'[55]

We treasure his prophetic words as we remember the contribution of Evan Roberts and his co-workers in Anglesey in the hot summer of 1905.

* * *

NOTES AND REFERENCES

1 Huw Llewelyn Williams, *Thomas Charles Williams*, (Caernarfon, 1964), 61. A good example of a Revivalist and a temperance campaigner was John Owen (ap Glaslyn, 1857-1934), the son of Richard Jones Owen ('Glaslyn', 1831-1909) and his wife Elen Jones. A temperance advocate and a Revivalist in the 1904-05 Revival, ap Glaslyn was an interesting character. His words and hymn tunes composed during the Revival deeply moved congregations in Anglesey and Caernarfonshire. See, Idwal Lewis, 'John Owen, ap

Glaslyn, 1857-1934' [in] *Y Bywgraffiadur Cymreig Hyd 1904* (London, 1953), 677.

2 Huw Llewelyn Williams, op cit, 63. According to the biographer of Dr T.C. Williams, 'the garden of the Lord was renewed' by the Revival.

3 Hugh Owen (ed.), *Braslun o Hanes Methodistiaeth Calfinaidd Môn, 1880-1935,* (Liverpool, 1937), 105.

4 Ibid.

5 Ibid, 186.

6 Ibid, 119-20.

7 Ibid, 233.

8 Ibid, 239.

9 Huw Llewelyn Williams, op cit, 71.

10 Hugh Owen, op cit, 241.

11 Ibid, 246.

12 Ibid.

13 John Lasarus Williams, *Syr John Morris-Jones 1864-1929,* (Llanfairpwllgwyngyll, 2000), 30.

14 Ibid.

15 Hugh Owen, op cit, 266.

16 Ibid, 269.

17 Ibid, 270.

18 Ibid, 278.

19 Ibid, 278-9.

20 Ibid, 279.

21 Ibid, 283-4.

22 Ibid, 312.

23 Ibid, 326.

24 Ibid, 337.

25 Ibid, 341.

26 Ibid, 343.

27 Emlyn Richards, *Yr Ardal Wyllt: Atgofion am Llanfair-yng-nghornwy* (Liverpool and Llanddewi Brefi), 1983.

28 Hugh Owen, Ibid, 351.

29 Ibid, 362-3.

30 Ibid, 376.

31 E. Tegla Davies, *Gyda'r Blynyddoedd* (Liverpool, 1953), 124.

32 Hugh Llewelyn Williams (ed.), *Braslun o Hanes Methodistiaeth Calfinaidd Môn 1935-1970,* (Dinbych, 1977), 72.

33 Ibid, 100.

34 Ibid, 33.
35 Ibid, 231.
36 Ibid, 270.
37 Ibid, 109.
38 Ibid, 139.
39 'Nodion ar y Diwygiad', gan Weinidog Pentre Gwyn, *Yr Herald Cymraeg*, July 4, 1905, 8.
40 One of the most able intellectuals of Welsh Nonconformity in the Victorian era, Dr Lewis Edwards, Bala, emphasised the value and the purpose and the contribution of the poet to the Christian Faith. These are his words: 'Pe bae y beirdd yn ystyried mawredd eu swydd, a'r cyfrifoldeb sydd yn perthyn iddi, hwy a arswydent rhag camddefnyddio eu talentau.' (If the poets considered the greatness of their vocation, and the responsibility that belongs to it, they would be horrified if they misused their talents).

Many of the Revivalists were poet-preachers. Indeed, Evan Roberts himself composed lyrics and hymns at every opportunity that came to him. The Revd William Thomas (Islwyn) was one of his heroes.
41 For the background see the essay by Sir Thomas Parry, 'Y Bardd Newydd Newydd: Rhai Sylwadau Pryfoclyd' [in] *Amryw Bethau* (Dinbych, 1966), 105-115.
42 William George *Atgof a Myfyr*, (Wrexham, Cardiff and Oswestry, 1948), 131, ibid.
43 D. Gareth Evans, *A History of Wales 1815-1906*, (Cardiff, 1989), 239.
44 Hugh Llewelyn Williams, *Thomas Williams Gwalchmai*, (Caernarfon, 1961), 57.
45 Ibid, 58.
46 Ibid.
47 The words of Dr Thomas Charles Williams were these: 'Evan Roberts was a quiet, simple man, who laid great emphasis on the guidance of the Holy Spirit.' See Huw Llewelyn Williams, op cit, Caernarfon, 1964, 62. E. Morgan Humphreys saw him at his best in the smaller meeting, as in the parish church of Llanddona, see E. Morgan Humphreys, 'Evan Roberts 1878-1951', [in] *Gŵyr Enwog Gynt* (yr Ail Gyfres), (Aberystwyth, 1953), 106.
48 Huw Llewelyn Williams, *Thomas Williams Gwalchmai*, (Caernarfon, 1961), 31-2.
49 E. Morgan Humphreys, op cit, 108.
50 Ibid, 104.

[51] William George, ibid, 139.

[52] Ibid.

[53] The notable writer, the Revd E.P. Roberts, Penygarnedd, Anglesey, mentions an inspiring service at the Presbyterian Association in Amlwch in 1906, where the Revd Joseph Jenkins, a spiritual father of the Revival, was one of the guest preachers. Joseph Jenkins preached after the Revd S.T. Jones, Rhyl, on the Gospel of Matthew 27, verse 14, on the theme of the Quiet Jesus. One of those present calling himself 'Rhydlad' writes: 'Cynyddai'r dylanwad, ac ymhell cyn i'r cennad orffen cyflwyno ei genadwri torodd yn orfoledd cyffredinol.' (The influence extended and long before the preacher completed his message it broke out into universal praise). See, Hugh Owen (ed.) *Braslun o Hanes Methodistiaeth Calfinaidd Môn 1880-1935*, (Liverpool, 1937), 38-39.

[54] Ibid, 52-3.

[55] Ted Huws, 'Bywha Dy Waith, O Arglwydd,' *Y Goleuad,* Vol. 132, No. 20, May 14, 2004, 1-2.

APPENDIX I

SOME OF THE REVIVAL HYMNS SUNG IN ANGLESEY, JUNE-JULY 1905

NAME OF TUNE: BRYNIAU CASSIA OLD MELODY

The original words in Welsh of verse 1 are by William Williams (1717-91), Pantycelyn; Verse 2 by Thomas William (1761-1844). The English version words are by William H. Davies.

Ni fuasai gennyf obaith
Am ddim ond fflamau syth,
Y pryf nad yw yn marw,
Ar t'wyllwch dudew byth
Oni buasai'r Hwn a hoeliwyd
Ar fynydd Calfari
O ryw anfeidrol gariad
I gofio am danaf fi,
Fi, fi,
I gofio am danaf fi,
O ryw anfeidrol gariad
I gofio am danaf fi.

Y gŵr wrth ffynnon Jacob
Eisteddodd gynt i lawr,
Tramwyodd drwy Samaria,
Tramwyed yma'n awr
'Roedd syched arno yno
Am gael eu hachub hwy,
Mae syched arno eto
Am achub llawer mwy
Mwy, mwy,
Am achub llawer mwy,
Mae syched arno eto
Am achub llawer mwy.

I heard the word salvation,
And wondered what it meant,
Then came the revelation
Which made my heart relent
Salvation, sweet salvation,
Salvation ever free;
Salvation, full salvation
'Tis offered you and me
Me, me, 'Tis offered you and me
Salvation, sweet salvation,
'Tis offered you and me.

And now I must repeat it,
Yes, tell it out abroad,
Then came the revelation
Which made my heart relent.
Salvation, sweet salvation,
Salvation ever free;
Salvation, full salvation,
'Tis offered you and me.
Me, me, 'tis offered you and me,
Salvation, sweet salvation,
'Tis offered you and me.

NAME OF TUNE: MAE D'EISIAU DI (I NEED THEE) by ROBERT LOWRY (1826-1899)

Translated into Welsh by John Roberts (Ieuan Gwyllt, 1822-1877) from the original English hymn by Annie S. Hawks (1835-1918).

Mae d'eisiau di bob awr,
fy Arglwydd Dduw,
daw hedd o'th dyner lais
o nefol ryw.

Cytgân
Mae d'eisiau, O mae d'eisiau,
bob awr mae arnaf d'eisiau,
bendithia di, fy Ngheidwad,
bendithia nawr.

Mae d'eisiau di bob awr,
trig gyda mi,
cyll temtasiynau 'u grym
yn d'ymyl di.

Mae d'eisiau di bob awr,
rho d'olau clir,
rho imi nerth, a blas
dy eiriau gwir.

Mae d'eisiau di bob awr,
sancteiddiaf Ri,
yn Iesu gwna fi'n wir
yn eiddot ti.

I need thee every hour,
Most gracious Lord;
No tender voice like thine
Can peace afford.

Chorus:
I need Thee, Oh I need Thee,
Every hour I need Thee!
Oh bless me now my Saviour,
I come to Thee.

I need Thee every hour,
Stay Thou near by;
Temptations lose their power
When thou art nigh.

I need Thee ev'ry hour,
In joy or pain;
Come quickly and abide,
Or life is vain.

I need Thee ev'ry hour
Most Holy One;
O make me Thine indeed,
Thou blessed Son.

LORD, HERE I COME
NAME OF TUNE: GWAHODDIAD by LEWIS HARTSOUGH (1828-1919)

Translated into Welsh by John Roberts (Ieuan Gwyllt; 1822-1877) from the original English hymn by Lewis Hartsough (1828-1919).

Mi glywaf dyner lais
yn galw arnaf fi
i ddod a golchi 'meiau i gyd
yn afon Calfari.

Yr Iesu sy'n fy ngwadd
I dderbyn gyda'i saint
ffydd, gobaith, cariad pur a hedd
a phob rhyw nefol fraint.

Cytgân
Arglwydd, dyma fi
ar dy alwad di,
canna f'enaid yn y gwaed
a gaed ar Galfari.

Yr Iesu sy'n cryfhau
O'm mewn ei waith drwy ras,
Mae'n rhoddi nerth i'm henaid gwan
I faeddu 'mhechod cas.

Gogoniant byth am drefn
y cymod a'r glanhad;
derbyniaf Iesu fel yr wyf
a chanaf am y gwaed.

I hear Thy welcome voice
That calls me, Lord, to Thee,
For cleansing in They precious blood
That flow'd on Calvary.

'Tis Jesus calls me on
To perfect faith and love,
To perfect hope and peace and trust
For earth and heav'n above.

Chorus:
I am coming Lord!
Coming now to Thee!
Wash me, cleanse me in the blood
That flow'd on Calvary.

'Tis Jesus who confirms
The blessed work within,
By adding grace to welcome grace,
Where reign'd the pow'r of sin.

And He the witness gives
To loyal hearts and free,
That ev'ry promise is fulfilled,
If faith but brings the plea.

THE VICTORY OF CALVARY
NAME OF TUNE: BUDDUGOLIAETH by G.W. HUGHES (1861-1941)

Original Welsh hymn by William Williams, Pantycelyn translated into English by Robert Parry.

Yn Eden, cofiaf hynny byth,
bendithion gollais rif y gwlith;
syrthiodd fy nghoron wiw.
Ond buddugoliaeth Calfari
enillodd hon yn ôl i mi:
Mi ganaf tra bwyf byw.

Ffydd, dacw'r fan, a dacw'r pren
yr hoeliwyd arno D'wysog nen
yn wirion yn fy lle;
y ddraig a'sigwyd gan yr Un,
cans clwyfwyd dau, concwerodd un,
a Iesu oedd efe.

In Eden, (O the memory);
What countless gifts were lost to me,
My crown of glory fell
But Calvary's great victory,
Restored that vanished crown to me;
On this my song shall dwell.

Fair, see the Mount, the Cross of shame,
Where to the King of glory came,
Nailed on the cross for me;
The serpent bruised by Him alone,
Twain wounded were, but Victor one,
And Jesus Christ was He.

GOD OF WONDER
NAME OF TUNE: RHYDYGROES by DR T.D. EDWARDS (1875-1930)

Original English hymn by Dr Samuel Davies (1723-1761), translated into Welsh by Joseph Harris (Gomer) (1773-1825).

Duw mawr y rhyfeddodau maith!
Rhyfeddol yw pob rhan o'th waith;
Ond dwyfol ras, mwy rhyfedd yw
Na'th holl weithredoedd o bob rhyw:
pa dduw sy'n maddau fel tydi
yn rhad ein holl bechodau ni?

O! boed i'th ras anfeidrol gwiw
A gwyrth dy gariad mawr, O Ddduw,
orlenwi'r ddaear faith â'th glod
hyd nefoedd, tra bo'r byd yn bod:
pa dduw sy'n maddau fel tydi,
yn rhad ein holl bechodau ni?

Great God of wonders! all Thy ways
Are matchless, god-like, and divine;
But the fair glories of Thy grace
More god-like and unrivalled shine.
Who is a pardoning God like thee,
Or who has grace so rich and free?

O may this strange, this matchless grace
This god-like miracle of love,
Fill the whole earth with grateful praise,
And all the angelic choirs above.
Who is a pardoning God like thee
Or who has grace so rich and free?

THE CHOIR OF THE HOLY CITY
NAME OF TUNE: CÔR CAERSALEM by
DR JOSEPH PARRY (1841-1903)

Welsh words by the Revd Thomas Levi (1825-1916). English version by the Revd Daniel Hughes (1875-1972).

O! ganu bendigedig fydd canu'r dydd a ddaw,
Pan una'r holl gantorion yng nghôr y wynfa draw;
Bydd engyl y gogoniant mewn syndod oll i gyd,
Pan dery'r côr undebol yr anthem fawr ei hyd
O ganu bendigedig, heb ddiwedd byth i'r gân.
Fydd canu teulu'r cadw yng Nghôr Caersalem lân
Yng nghôr Caersalem lân,
Heb ddiwedd byth i'r gân,
Bydd canu bendigedig,
Yng nghôr Caersalem lân.

O! wonderful the music
One day to come shall rise,
When all as one the singers
Shall praise in Paradise!
The angel host in glory
Shall stand in great amaze,
When choirs of earth united
Their endless anthem raise.
O! wonderful the singing,
How sweet the endless song
"Reedem'd" they chant for ever
In Salem's holy throng
In Salem's holy throng,
How sweet the endless song,
O! wonderful the anthem
Of Salem's holy throng.

APPENDIX II

A SELECTION OF THE SAYINGS OF EVAN ROBERTS

Love of Jesus

'If we love Jesus more than all and everything, we ought to be on fire confessing Him.'

'Do we love riches, or possessions, more than we love God and His Son?'

Praising God for his patience and goodness

'He is the God of patience, or else there would have been no hope for great sinners. Yes, there would be no hope for church members were it not for His patience. His patience is more evident in public meetings than anywhere else.'

'Man is more like God than any creature on earth and, consequently, the nearer we are to man the nearer we are to God.'

'Close to man, God is found.'

'We must, friends, know God as the God of Love.'

Consecration

'Consecrate everything to God, not only your life, but all the best things of your life, your talents, your faculties, and your enthusiasm.'

How to deal with people

'The three important things in dealing with people are smile, voice and hand, and sometimes the two hands, but not always.'

'Live religion, and you will force it into a man. Talk religion, and you will force it out of him!'

The Bible

'There are two kinds of reading: reading because of a hunger for the Bible, and reading to create that hunger.'

Prayer

'Before we can have people to accept Jesus, we must pray.'

'It is possible to go into [self] destruction in singing. Let us pray for saving the people.'

The Gospel

'I carry not the Gospel but the Gospel carries me.'

'Think before you reply, but when the answer comes, let it be the answer.'

'You are old enough to die, and young enough to accept salvation.'

'The path of the gospel is obedience.'

'I draw strength from the cross of Christ to carry my own cross.'

'The true friend is always near, at hand, but not so near as to tread on thy heels.'

'Thou may'st stand and stare but the glass (truth) won't wear.'

'If you miss your foot, do not slip your tongue.'

Satan

'The Devil sometimes can make his voice very much like God's voice.'

'Satan used to come to me once and say, "Hast though heard of Evan Roberts, and the wonderful meetings he had at such and such a place?" This was a great temptation to rejoice, and foster pride. But I determined that I would address him, each time he would come to me, with the words, 'Diolch iddo' (Praise to Him).'

'The Devil cannot suffer to see God glorified for he is a robber of God's glory.'

'Do not stay in the service of the Devil. Let the Devil lose his servants tonight. You can venture to smile when the Devil loses and Jesus wins.'

'Think, friends, what a great privilege there is within our reach: being co-workers with God.'

'Some get up to pray in meetings without any object but to show themselves. To listen to these is intolerable to so many of us, imperfect men and women, but what of the infinitely perfect God?'

APPENDIX III

SOME FURTHER READING

Eifion Evans, *The Welsh Revival of 1904* (Bridgend, 1969).

David Jenkins, *The Agricultural Community in south west Wales at the turn of the Twentieth Century* (Cardiff, 1971), 219-244.

Ben Rees, *Chapels in the Valley: A Study in the Sociology of Welsh Nonconformity* (Upton, 1975), 151-173.

Basil Hall, 'The Welsh Revival of 1904-5, a Critique' [in] *Popular Belief and Practice, Studies in Church History* (Editors: C.J. Cuming and Derek Baker), Vol. 8 (Cambridge, 1972), 291-301.

H. Elvet Lewis, *With Christ among the Miners: Incidents and Impressions of the Welsh Revival* (London, 1906).

Brynmor Pierce Jones, *Voices from the Welsh Revival: An Anthology of Testimonies* (Bridgend, 1995).

C.R. Williams, 'The Welsh Religious Revival, 1904-5', [in] *The British Journal of Sociology*, iii (London, 1952), 242 ff.

R. B. Jones, *Rent Heavens*, 'The Welsh Revival of 1904'.

INDEX

i) **Persons**

ii) **Places**

iii) **Subjects**